一枚ポートフォリオ評価論
One Page Portfolio Assessment

OPPA

堀 哲夫 監修
中島雅子 編著

でつくる授業
中学校理科編

東洋館出版社

本書の前身にあたる『一枚ポートフォリオ評価論OPPAでつくる授業』（2022年12月）は、幸いにも多くの支持者に恵まれて版を重ねている。独断の嫌いはあるが、その理由には以下の4点をあげることができる。

一つめは、OPPA論が教育の本質に関わるからであろう。教育の本質とは「学習者や教師の成長」である。実際の学習や授業においてそれが可能になるところにOPPA論の特徴がある。「学習者や教師の成長」は、言い換えると「学習者や教師の望ましい変容」である。OPPA論はたった一枚の用紙を用いて、学習者の変容を具体的に可視化することを実感できる。教育実践と教育の本質が直接関わり合うことは、口で言うのはたやすいが実際はとても難しい。

二つめは、OPPA論で展開されている理論と実践が、学習や授業で機能しているからであろう。それは「学習と指導と評価の一体化」である。つまり、学習や授業において形成的評価が適切に機能するということである。形成的評価は教育実践においてきわめて重要な役割を果たしているのだが、具体的にどのようにしたらよいのか不明確であった。OPPA論が一つの方法を具体化したと言えるだろう。

三つめは、OPPA論では評価を行うことを通して学習者の資質・能力の育成を謳っているが、それが実際に可能なことである。ここで言う資質・能力は、主として「メタ認知」の能力である。これまで、評価を行うこと自体が資質・能力を育成するという考え方はなかった。評価は評価そのものの中で展開されてきたのである。OPPA論では、言い過ぎかもしれないのだが、評価には目的・目標を超えた力があると考えている。それが評価を行うことによって資質・能力を育成するという意味である。

四つめは、執筆にあたっての原稿モデルが明確になっていたことである。これは当たり前のことかもしれないのだが、実際にはなかなか難しい。前作は、何人かの先生がおよそ2年近くをかけ、何度も何度も検討と修正を繰り返して出来上がったのである。10回以上修正をされた人もいる。全く頭が下がる思いである。このような努力の結晶として上記3点が明確になり、読者にとって理解しやすい形になったのではないかと思う。

上記に加えて、執筆してくださった先生の力量に支えられた点も大きいと考えられる。本書についてもこれらのことが実現できていることは言うまでもない。

今回、特筆すべきは教育現場の先生に加えて、みずほリサーチ＆テクノロジーズ株式会社の方々にもOPPA論の可能性について執筆していただいたことである。記して感謝したい。その内容は本書の編者である中島先生との共同研究の成果の一部である。このような形で学習と授業に関する共同研究ができることは、とても珍しいと思われる。教育実践の現場でも難題が多い時代に、こうした共同研究が新たな課題解決の可能性を開くことにつながれば、これに勝る喜びはない。

今回も多くのすぐれた実践例に出会えたことはとてもありがたく、監修者としての深い喜びを味わうことができた。その深い喜びとは、例えば教師の真剣な授業における想像を超えた素晴らしい実態がひしひしと伝わってくることである。それを実現可能にした執筆者のみなさんに心から感謝したい。願わくば、この喜びを読者のみなさんにも味わっていただければと思う。

2024年6月

堀　哲夫

監修にあたって

はじめに

本書の出版に向けて執筆者との打ち合わせを重ねる中で、編者として得た印象をここに記しておきたい。

第一に、誇りと熱意である。多忙と言われる学校現場であるが、執筆者のほとんどが、所属校の要となる業務をこなしていた。そのような状況であっても、学習や授業の改善に対する熱意が強く感じられた。例えば、OPPシートにコメントする時間が取れない」との声があるが、これについても忙しい中で継続するための工夫があった。それは、教師としての経験によるものも多かったが、何よりも、教育書や「OPPA論研修会」にて得られた知見を取り入れている印象が大きい。そのような本をいつ読む時間があるのだろうかと思う読者もいるかもしれない。しかし、そのようなインプットの時間を優先させていることにプロとしての意識を感じた。打ち合わせも2〜3時間に及ぶことも多く、生徒の声を届けたい気持ちがひしひしと伝わってきた。

第二に、生徒に対する温かい眼差しである。教師は「指導者」とされるが、執筆者の口々から「生徒に教えられた」との声を何度も聞くことができた。もちろん指導する立場であることには変わりはないが、指導者というよりは支援者、ファシリテーターという印象だ。これは、OPPシートに可視化された学びの実相によるものが大きいと思われる。なぜならば、OPPシートが、自分自身の教育活動の鏡となることで必然的に実践の省察を促すからだ。まさに学習者による教師の省察の瞬間が、本書の編集過程でも多く見られた。

第三に、OPPA論を広めたいという思いである。OPPA論を活用されている先生方が多いことを多方面から耳にするが、本書の出版にあたり、その多くの実践を知る機会を得た。

それらの中には、OPPシートに大きなアレンジを加えたものであったり、OPPシートを成績付けに利用している事例であったりと、残念ながら本書の趣旨とは異なるものがあった。これらは、OPPA論の研究者としての編者自身の課題だと捉え、OPPA論の機能が十分に活用されるための情報発信の必要性を実感している。

さらに今回、これまでとは異なる視点から2つの論考を掲載することができた。一つは、みずほリサーチ＆テクノロジーズ株式会社との共同研究の成果の一部である。この共同研究は、これまで教育関係者の中で研究を行ってきた私にとって大きな出来事となった。これをきっかけとして、産業界の方々と関わる機会が増え、「人材育成」において、OPPA論への関心の大きさを実感している。社会人教育を含めた人材育成理論として一般社会からも注目を浴びていることは大変光栄であるとともに、責任の重大さを感じている。これは、OPPA論の可能性を示すものであり、多くの実践者の一助になればと願う。

もう一つは、行政的な視点からOPPA論の価値を再考した教職大学院における教師教育の実践例である。教師の専門性は、学修履歴と研修履歴の往還があって初めて高められる。これは、文部科学省が示す教師の資質向上に関するガイドラインの延長線上にあると考えられる。このような行政の視点からOPPA論を論じることができたのは大きな成果である。

以上、執筆者の思いとともに本書を手にとっていただけると幸いである。

2024年6月
中島雅子

第1章 理論 編

第2章 実践 編

第1章

理論編

1.学習や授業における「問い」の問題点

　教育実践において、「問い」はきわめて重要な役割を果たしている。しかし、それが研究としての視点から必ずしも十分に検討されてきているとは言えない。その理由として、一つには、あまりに身近な存在であるため、当たり前すぎて今さら研究に取り上げるまでもない、と考えられているからであろう。もう一つは、教育実践にはあまりにも多くの要素が複雑に絡まっており、「問い」の研究の取っ掛かりが見えにくいからであろう[1]。

　これまでの学習や授業における「問い」の問題点として、以下の5点をあげることができる。

①主として「知識」の確認が中心となっていたこと

　言い換えると一問一答式で、記憶に依存するものが多かった。そこには、あいまいさや多義性などを避け、正確さを求めるという配慮を伺うことができる。しかし、それに頼りすぎると学習者固有の素朴概念や一人一人の現下の認知発達水準である最近接発達領域を探ることはできない。学習や授業にとって、素朴概念の把握や最近接発達領域の明確化は欠かすことができないからである。

②学習効果の実態を把握する視点が欠如していたこと

　一つめの問題点からも明らかなように、「知識」などの確認を重視すれば、学習効果の確認もその点に限定されがちである。学習により何がどう変わるのか変わらないのか、それについてどう思うのかなどの非認知的側面なども学力形成において重要であり、それらの実態が明らかにされる必要があるだろう。

③制御や調整など、主に学習の機能に関わる視点が欠如していたこと

　つまり、学習をさらに効果的にしたり深めたりする視点が欠如していたことである。学習や授業において、まず基礎的な事項を獲得させることに中心が置かれるのは当然であり、時間の制約もあって軽視されてきたのかもしれないが、工夫次第でこうした視点も取り入れるべきである。学習の機能に関わる「問い」は、学ぶ意味や必然性、価値などときわめて深く関係しているからである。

④問題解決の過程を踏まえた「問い」となっていないこと

　学習や授業におけるこの視点は、学ぶことの変容や改善と深く関わっている。この視点を欠くと、学習や指導と評価の一体化を図ることができず、結果として、資質・能力の育成も難しくなるだろう。

⑤メタ認知の非認知的要素に関わる「問い」がほとんどないこと

　p.14の図4で示すように、メタ認知に関わる要素には「価値づけ」がある。この「価値づけ」の要素が「問い」に含まれないことが問題であると考えられる[2]。学習者の学びを支えている

感情、例えば「学びが自分を変えてくれるのでもっと学びたい」「うれしい」「すごい」などの感情に対して、それを自覚させることがきわめて重要である。

これからの学習や授業における「問い」に求められているのは、「重要なこと」を絶えず確認し、適切な働きかけをすることである。そのためには、多様な表現をパフォーマンス評価できる「問い」を学習や授業に組み込み、学習の実態をできるだけ適切に可視化していくことが求められている。そうでなければ、学習や指導と評価の一体化はあり得ないだろう。

上記の問題点を克服するために、学習や授業において、どのような「問い」を設定すればよいのだろうか。

2. OPPシートの構成要素と「問い」の機能

本節では、OPPA（One Page Portfolio Assessment）論で用いられているOPPシート（One Page Portfolio Sheet）の「問い」を中心にして検討する[3]。まず、OPPシートはどのようなものか、その構成要素を詳しく見てみよう。

(1) OPPシートの基本的構成要素と骨子

OPPシートは、通常は教科の1単元を基本として作成されることが多く、学習や授業における必要最小限の情報を最大限に活用するという目的のもとに、次の四つの要素から構成されている（図1参照）[4]。

Ⅰ　「単元タイトル」

Ⅱ　学習による変容が見える「学習前・後の本

質的な問い」

Ⅲ　学習過程で適宜記録する「学習履歴」

Ⅳ　学習後に全体を振り返る「自己評価」

これら四要素は、学習による変容が可視化できるように、一枚の用紙の中に配列される。四要素は、OPPシートにおいて必須の要素であり、どれを欠いても目的を達成することができない。

OPPシートの要素の中で、「単元タイトル」については「問い」を省くこともあるが、他の要素についてはすべて「問い」が設定されている。

図1　OPPシートの基本的構成要素と骨子

(2) OPPシートの構成要素と「問い」

学習者は必要に応じて、シートに求められている「問い」に回答していく。その各「問い」では、何が求められているのだろうか。

①「学習前の本質的な問い」：素朴概念などの実態把握

まず、はじめに求められているのは「学習前の本質的な問い」である。この「問い」は、学習や授業でどうしても押さえたい内容やその本質に関わるものである。学習前・後の比較ができるように「学習後の本質的な問い」と全く同じものとする。それゆえ、この「問い」は学習前に正答となるようなものではなく、一人一人

の環境や経験などに応じて、広がりと深まりを引き出すことができるものが望ましい。多少、抽象的な問いであっても、何らかの形で表現できるものであればよいと考えている。

　また、この「問い」により、既有の知識や考えである素朴概念を把握することが求められている。例えば、日常的に用いられている「力」という用語について、「力とは何ですか」というように問う。さらに、もっと一般的な教育の本質に関わるものもある。例えば、「学ぶとはどういうことですか」という問いがある。学習前なので、必ずしも十分に表現できなくても、また適切な回答でなくてもいっこうに構わない。

　素朴概念や教育の本質に関わる「問い」の作成には、学習者に形成・獲得してほしい長期的な目的を見据える必要があるので、教師の専門的力量が問われることになる。

②「学習履歴」における「問い」：「問い」と「回答」の往還

　学習履歴における「問い」とは、多くの場合、毎授業時間の終了後、「今日の授業で一番大切なこと」を問う。そこでは、学習者自身が考え、どのようにまとめるかを判断し、自分の言葉で表現すること、つまり「思考力、判断力、表現力等」が求められている。「学習履歴」で毎回同じ問いかけをされることによって、学習者は毎時間の授業に真剣に取り組むようになるばかりでなく、「どのようにまとめたらよいのか」を考えながら授業に取り組むようになることが報告されている。

　しかし、すべての学習者が教師の求めている適切な回答を最初から返せるわけではない。学習結果の不適切な部分を修正・改善していくこと、またたとえ適切であったとしても、さらに深め発展させていくことが求められている。そ

のためには、教師のコメントが重要となってくる。また、「学習履歴」にもし授業と関係のないことが書かれていたとすれば、その授業は教師の意図が学習者に伝わらなかったという授業評価につながっている。

　「授業の一番大切なこと」を問い、その回答を確認するにあたって、学習者一人一人の最近接発達領域を確認し、それに働きかけることが重要である。最近接発達領域とは、学習者が物事を認識できる現時点における能力をさす。最近接発達領域の学習や授業における重要性は、これまでにも繰り返し説かれてきたが、それをどのように確認し、働きかけをどう行えばよいのかについての研究はほとんど行われてきていない。最近接発達領域を明確にして、それに働きかけ可視化することは、学習による変容と深く関係しているので、学ぶ意味や必然性、自己効力感を感得する上で、きわめて重要である。

③「学習後の本質的な問い」：科学的概念の獲得状態の確認

　次に「学習後の本質的な問い」であるが、これは学習前と全く同じものを用いる。その理由は、学習前・後を比較して何がどのように変わったのか、学習による変容を可視化するためである。つまり、学習前の素朴概念が学習や授業により科学的概念に変容し、それにより日常生活の見方や考え方が変わるとき、そこには驚きや喜び、楽しみ等々の何らかの感情を伴う。「なんで勉強しなければいけないのか」などの勉強に対する不信感は、多くの場合、学ぶことにより自分がよりよく変わった、という実感をもてないからであると考えられる。それゆえ、学習による変容を可視化する意味はきわめて大きい。

　このように学習前・後に同じ「問い」を設定し、その変容を確認するという方法はほとんど

行われてこなかった。

④学習全体を振り返る「自己評価」における「問い」：メタ認知の実態の確認

学習後の「自己評価」における「問い」は、「学習を通して何がどのように変わりましたか、また変わりませんでしたか。考えが変わったとすれば、そのことについてどのように思いますか」となっている。

自己評価は、学習者自身が自己の学習状況を把握し修正・改善するためにきわめて重要であるが、これまで「今日の学習は面白かったですか」「うまく発表できましたか」などのように、「はい」「いいえ」で回答できる「問い」の自己評価が大半を占めていた。何がどのように面白かったのか、何がどうできたからうまく発表できたのかなどが明らかにならないので、学習成果を活用し発展させることができなかった。とりわけ問題なのは、自己評価がメタ認知の能力育成にきわめて重要な働きをしているにもかかわらず、不適切な扱いを受けてきたことである。

もう一つこれまでの自己評価の問題点をあげれば、OPPシートのような学習履歴に基づいた具体的変容による振り返りが行われてこなかったことである。つまり、学習成果である具体的事実を基礎にした自己評価でなければ、何を根拠にしているのかが明確でなく、どうしても恣意的かつ主観的になる。自己評価を、学習の成果として活用できるようにするためには、学習履歴のような具体的事実をもとにすることが求められている。

本来の自己評価は、学ぶことの意味や必然性、自己効力感などを引き出し、メタ認知の能力を育成するものであると考えられる。

⑤OPPシートのその他の「問い」：学習を把握する能力の育成

OPPシートは、上で述べた四つの「問い」以外にも二つの「問い」を設定することができる。

一つめは、シートの表紙である。シートの表紙は、通常は単元や学習題目、学年、組、氏名などが書かれている。それに加えて単元名の下に空欄の四角い枠を書き、全授業終了後に枠内に学習者が自分で考えたタイトルを付けさせるという「問い」があげられる。要するに、学習や授業全体を一言で表現するとどのように言えるかである。このとき、次の2点が大事である。
1) 最初にOPPシートを配付したとき、全授業終了後にタイトルを付けてもらうと学習者に約束しておくこと。
2) OPPシートの教師が書いた単元や学習題目名は無視してよく、自分の思い通りのものでよいと伝えること。

このように働きかけることにより、多くの場合、「単元が終わったらどんなタイトルを付けようか？」と考えながら授業を受けるようになる。ここにも、高度ではあるが「思考力、判断力、表現力等」を育成するきわめて大切な手がかりが潜んでいる。

さて、もう一つの「問い」であるが、学習履歴欄の四角の中の上の方にもう一つ四角い枠を設け、そこにその日の授業タイトルを付けさせるというものである。学習履歴として「授業の一番大切なこと」に加え、授業のタイトルを考えさせるのである。これも授業の最初に伝えておくとよい。このようにすれば、「今日の授業のタイトルは何にしようか？」と考えながら授業に取り組むようになるため、先生任せで授業を受けるのとは全く違ってくる。これは、学習者の主体性を発揮するという意味からも検討し

てみる価値は大きいだろう。

　OPPシートを構成する要素のどれもが必須であることはすでに指摘したが、もう一つ必須の事項を指摘しておきたい。それは、「学習履歴」および「自己評価」の「問い」の内容を、②と④で述べたように設定することである。それぞれの「問い」は必然性をもって設定されていることを、どうしても理解してほしい。「本質的な問い」に関しては、当該の学習や授業に合わせて、教師が作成するようになっているが、①で述べた要件を満たす必要がある。

(3) OPPシートを構成する要素の「問い」と時系列

　OPPシートを構成する要素の「問い」に学習者がいつ回答するかについては、これまでの検討の中でもふれてきたが、全体を通してみると図2のようになる。

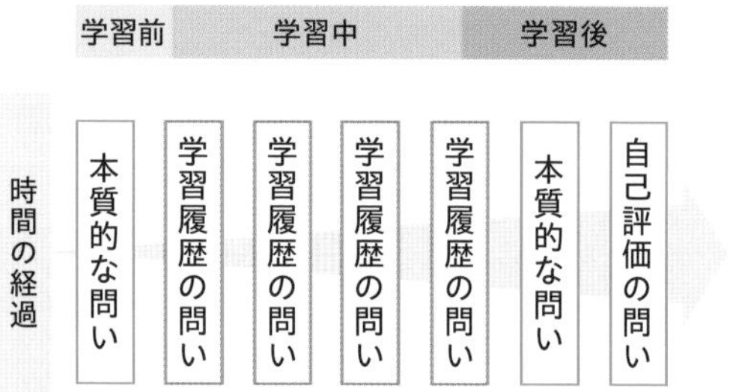

図2 OPPAシート構成要素の「問い」と
　　 時系列の関係

　図2は、真ん中に時間経過を示す矢印が書かれている。この矢印が左から右に広がっているのは、学習者の回答がいつも同じなのではなく、学習により絶えず変化し、質的にも深まりをもって変容していくことを示している。このとき、学習が一点に向かって収斂していくのではなく、学習者の思考がむしろ深まりながら広がりをもつ、つまり学ぶことが次につながっていくとい

う連続性と開放性をもつことを意味している。

　この図から明らかなように、学習前に「本質的な問い」に回答した後、適宜、学習履歴の「問い」に回答する。そして最後に学習後の「本質的な問い」と自己評価の「問い」に回答するようになっている。こうした各要素の「問い」が、目的を達成するための、あたかも一本の串のような時間軸で貫かれていることも理解できよう。

　OPPシートを構成する各要素の「問い」と時系列について、以下3点を留意したい。

①「学習前・後の本質的な問い」「学習履歴」「自己評価」という四つの「問い」を必ず図2の順序で入れること

　どれかが欠けたり、内容や時系列を変えたりするとOPPシートを使う意味がなくなる。OPPシートの変形版を見かけることがあるが、それでは学習や授業の実態に迫ることができない。例えば、次のような事例がある。授業で学んだ用語や概念などの関係を線で結ぶコンセプトマップを書かせるとき、学習前と後に書かせるだけで終わるという[5]。これでは、なぜマップを書いたのか学習者にはわからないだろう。学習前と後では何が、なぜ、どのように変わり、それについてどう思うのかなどを問わなければ学ぶ意味は伝わらない。要は、誰のために、何のために、どのような方法で評価を行うかである。教育評価は、資質・能力を育成するためのものであることを強く主張しておきたい。

②「問い」に対する回答に、教師が点数を付けないこと

　誤解のないように言っておけば、点数を付けないということは全く評価しないという意味ではない。教師が、「こうあってほしい」「これだけは身に付けてほしい」「こう書いてほしい」

などの強い意思をもって授業をするのは当然である。それを、学習者に直接見せてはならないということである。その理由は、それが明示的であろうとなかろうと、無意識に教師の意向に従いがちになるからである。図2の「問い」は、いわゆる正答といわれるものを提示しにくいような内容になっている。学習者は一人一人で見方や考え方が異なっており、多種多彩な実態をできる限り知りたいからであり、それに基づいた学習や授業を考えたいからである。学ぶということの本質は、学習者の本音を知ることから始まるのだと考えているからでもある。

③OPPシートの求める「問い」に学習者が自分で考え、判断し、自分の表現方法で回答すること

もちろん、最初からそのようにできないこともあるので、それができないときは、ノートや教科書を写してもよいのだが、次第に自分自身の表現が可能になるよう適切な指導を行う必要がある。例えば、文章で表現するときに、何も書けないときは単語でもよいから書いてみるように働きかけるところから始める。単語が書ければ、単語の前に主語をつけ、後ろに述語を付ければ一文になる。一文が書ければ、次に二文というように、文章にする指導が必要になってくる。それが、次第に学習者自身の独自性をもった表現になっていくことが資質・能力の育成に他ならない。

以上、OPPシートを使用する際の主な留意点を三つあげたが、冒頭で指摘した「問い」の研究が不十分であるという問題を克服する上でも重要である。また、学習指導要領が求めている資質・能力の育成には教育評価観の転換が必要となるが、それを検討するための視点にもなると考えられる。

3. OPPシートの「問い」とメタ認知の関係

次に、OPPシートの「問い」とメタ認知の関係について検討する。まず、OPPシート全体の「問い」の設定が、学習や授業における目的、目標、方法、評価と深く関わっているので詳しく見てみたい。なお、OPPシートのどの「問い」もメタ認知の把握や育成に関わっているのだが、主にどの「問い」が深く関わっているかという視点から検討する。

(1)OPPシートの「問い」と目的・目標、方法、評価の関係

教育実践において重要と考えられるのは、抽象的な言い方ではあるが、「問い」が「遠く」「広く」「深く」という要素をもつことであると考えられる。「遠く」とは、高い目的・目標を掲げることであり、「広く」とは、いろいろな目的・目標を網羅できることであり、「深く」とは、「遠く」「広く」掲げた目的・目標を「深く」追究することである。教育実践における「問い」も、こうした要素をもつことが求められている。そうでなければ教育の目的・目標は、ただ単に掲げられるだけで達成されることはあり得ないからである。OPPシートの「問い」はこうした要素も意識して設定されている。

教育は、崇高な目的を掲げ、それをいかにして達成するのかであり、「遠く」「広く」目的を設定する必要がある。また、教育方法や評価は「広く」「深く」という視点が欠かせない。たとえ1単位時間の授業であっても、広い視野をもち、遠くにある高い理想を目指し、具体的な方法論に基づいて学習や指導を行い、適切な評価を深く行うことが求められている。そのとき重要になってくるのは日常的に行われている学習

や授業における「問い」である。ここで言いたいのは、「生きる力」や「メタ認知」などの高次の教育目的を達成するためには、その下位の次元に匹敵する教育目標を、その達成のための手段や方法を、さらにその達成状況を把握する教育評価の要素を明確にしなければならないということである。そのとき、目的・目標、方法、評価に関連して、OPPシートのどの「問い」が中心的役割を果たすのかが明確になっていなければならない。

　要するに、教育の目的を達成するためには、1単位時間の学習や授業における「問い」から始まってそれがどのような内容を含んでいるのかの確認と、「問い」の回答に対する教師の働きかけなど、教育の目的と評価に至るまでの関連が具体的になっている必要がある。そうでなければ、高次の学力形成はあり得ない。OPPシートの「問い」は、教育の目的から評価に至るまでの関連を一枚の用紙の中で示している。これまでの学習指導要領でも「生きる力」の育成などの高次の目的が掲げられてきたが、毎日行われている学習や授業との関わりが明確になっていなかったので、その実態、獲得方法、評価などをどのようにしたらよいのかがわからなかった。それゆえ、それが達成されたかどうか不明であったことからも明らかであろう。

①OPPシートの「問い」と教育の目的

　OPPシートの「問い」と教育の目的・目標、方法、評価はどのように関わっているのであろうか。その関係を図示すると図3のようになる。すでに述べたように、OPPシートの「問い」と教育の目的・目標、方法、評価はどれとも関係しているのだが、強いてその関係が強いものをあげてある。一例をあげれば、教育の方法と関わりが深いのは学習履歴の「問い」であり、

それが手段として目的や目標に寄与している、という意味である。

教育の目的（OPPシート：各要素の「問い」）
● メタ認知
● 自ら学び自ら考える力
● 生きる力
● キーコンピテンシー、など

教育の目標（OPPシート：本質的な問い）
● 最も伝えたいこと
● 単元などの本質
● 基本的内容、資質・能力、など

教育の方法（OPPシート：学習履歴の「問い」）
● 授業の最重要点
● 思考力・判断力・表現力
● 学習目標の形成
● 学習による変容の可視化
● 内化・内省・外化
● 最近接発達の領域、など

教育の評価（OPPシート：自己評価の「問い」）
● 学習による変容の可視化
● 認知の知識・理解
● 認知の調整
● 学習の価値づけ、など

図3 教育実践の要素とOPPシートの「問い」の関係

　教育の目的に匹敵するのは、様々な言い方があるが、「メタ認知」「生きる力」「自ら学び自ら考える力」などである。本節では、現行学習指導要領の中でも用いられている「メタ認知」という用語を用いる。教育の目的と関係しているOPPシートの「問い」は、「学習前・後の本質的な問い」「学習履歴」「自己評価」である。つまり、シートを構成する一つ一つの「問い」が積み上げられ、相互に関わり合うことによって目的の達成が可能になる。例えば、OPPシートの「学習前・後の本質的な問い」では、たとえ教科の場合でも「『幸せになるための学習履歴表』とはどういうこと（意味）だと思います

か」のような、教科と関わりのないような突拍子もない聞き方をすることがある[6]。それは、絶えず「遠く・広く・深く」という視点、言い換えると教育の目的を強く意識しており、それを学習者に自覚させ、意識化させる働きかけを行うためである。

ここで検討した内容は、後述のメタ認知「プランニング」「モニタリング」「価値づけ」と深く関わっている。

②OPPシートの「問い」と教育の目標

次に、教育の目標と関係しているOPPシートの「問い」であるが、主として「学習前・後の本質的な問い」が深く関わっている。この「問い」と「回答」により、学習前の知識や考えである素朴概念がいかに科学的概念に変容したのかを認識していくことになる。学習による変容を学習者が知ることは、メタ認知の能力を育成する上できわめて重要であると考えられる。

授業の開始時に「本質的な問い」を投げかけることは、これから学ぼうとする内容に関して、学習者自身の既有の知識や考えを明示させることである。この前提となる出発点がわからなければ、たとえいかに高次の学力が獲得されたとしても、変容の幅や深さはわからない。それが明確でないということは、学びに対する感動も漠然としたものにならざるを得ない。「学習前・後の本質的な問い」に対する「回答」を可視化し変容を自覚する意味はきわめて大きい。

ここでの内容は、後述のメタ認知「コントロール」「価値づけ」と深く関わっている。

③OPPシートの「問い」と教育の方法

さて、目的や目標達成のためには、その手段となる教育方法が適切に機能しなければならない。そこで、OPPシートの「学習履歴」が重要な役割を果たす。OPPA論では、授業は通常通り行うことを求めているので、教師が授業のまとめを行った後に学習履歴を書く。自分の頭で考え、自分の言葉で「授業の一番大切なこと」を表現するために、「何をどうまとめたらよいか」を意識しながら、真剣に授業に取り組むようになる。さらに、こうした積み重ねは学習者自身の学習目標の形成にもつながっていく。通常の授業では、教師の指導目標が学習者の学習目標にならず、指導目標のまま終わることが多い。学習履歴の「問い」は、学習者に学習目標を形成させるための働きかけでもある。

ここでの「問い」は、主として後述のメタ認知「モニタリング」と深く関係している。

④OPPシートの「問い」と教育の評価

最後に、学習の成果を確認する教育評価であるが、これは主に自己評価の「問い」が関係している。学習者の学習や授業による変容は、たとえどれほど些細であっても必ずある。それをどのように可視化して学習者に示すかが、メタ認知能力の育成にとってきわめて重要になる。これは、言わば学習結果の「価値づけ」にあたる。つまり、学ぶ意味や必然性、自己効力感などと深く関わっているので、教育目的の達成に必要不可欠な要素となる。ここでの内容は、次のメタ認知のコントロールとモニタリングとも深く関わっている。

さて、これまで検討してきたように、OPPシートの各要素における「問い」は、教育の目的・目標、方法、評価と深く関わっていると言える。また、メタ認知を構成する要素とも深く関わっているので、次にOPPシートの各要素における「問い」とメタ認知との関わりについて検討する。

高次の学力であるメタ認知の把握や育成には、OPPシートの「問い」が深く関わっている。それは、学習や授業における「問い」が、学習者のメタ認知能力の現状把握およびその形成・獲得に大きく寄与しているからである。

ここで、もっとも大切なこととして強調しておきたいのは、メタ認知を構成している各要素を一つずつ「問い」として構成し積み上げれば、そのままメタ認知の能力が育成されるのかと言えば、そうではないということである。メタ認知を構成する要素は複雑に絡み合っているのと同様に、OPPシートを構成する「問い」についても同じことが言える。それはさておき、メタ認知の構成要素はどのようになっているのだろうか。

①「認知の知識・理解」と「認知の調整」

メタ認知の構成要素を図示すると、図4のようになる[7]。

この図から明らかなように、「自分の思考についての思考」であるメタ認知は、「認知の知識・理解」と「認知の調整」という二つの要素から構成されている。さらに、「認知の知識・理解」は「宣言的知識」「手続的知識」「条件的知識」から、「認知の調整」は「プランニング」「モニタリング」「価値づけ」から構成されている。

例えば、「認知の知識・理解」には、「水溶液の内容を予習しておくと酸性、アルカリ性の授業がよくわかるようになる」「難しい内容は繰り返し勉強すると理解できるようになる」など、学習活動を適切かつ効果的にするための「知識」が含まれる。

図4の左側の「認知の知識・理解」に関する要素は、普通の授業の中でも取り入れられているのだが、それに対して図4の右側要素は、かなり意識的に学習や授業に組み込まないと欠落することになる。メタ認知の能力が、なかなか育成されにくい一因はここにある。そこで、まず図4の右側の要素は学習や授業の中でどのような形で見られるのか、OPPシートの「問い」

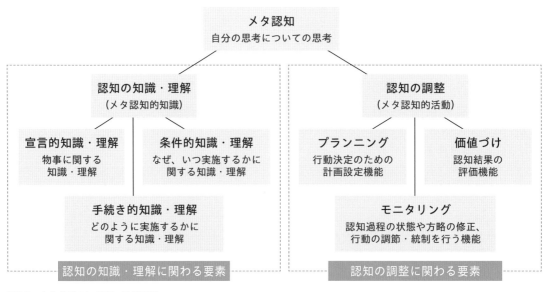

図4　メタ認知に関わる要素

との関わりについて次に検討してみよう。なお、「認知の調整」も、教育の目的・目標、方法、評価において検討した「遠く」「広く」「深く」という視点、つまり学習や授業を修正し改善することとも深く関係している。

②「プランニング」とOPPシートの「問い」の関係

まず「プランニング」であるが、学習や授業における行動決定のための計画設定機能を指す。OPPシートの「本質的な問い」は、当該内容に関してどうしても押さえたいことなので、学習者がたとえ学習前にこの「問い」を意識しなくても、授業の冒頭で問うことによって計画への意識化が図られることになり、学習後の再答によって目的の重要性にも気付かされることにつながっていく。また、学習前の学習者の回答に対する教師のコメント如何では、「次には〇〇を調べてみたい」というような、さらなる橋渡しも可能になると考えられる。

次に、「学習履歴」における「問い」に関して、「授業の一番大切なこと」をほぼ毎時問われるため、自分で考え判断し、どのようにまとめて表現するかということが求められる。その活動自体、「一番大切なこと」という自分の学習目標に対して回答していることに他ならないので、計画設定という学習活動ときわめて深く関わっていると言えよう。

さらに、「自己評価」における「問い」に関しては、自己評価の「自己」は学習者に他ならないので、学習者自身が計画や目標をもたない限り自己評価は不可能と言える。

③「モニタリング」とOPPシートの「問い」の関係

「モニタリング」は、学習や授業における認知過程の状態や方略の修正、行動の調整・統制を行う機能を指す。この中には、学習や授業において観察し記録すること、感想や意見を述べること、「コントロール」なども含まれると考えられる。

この「モニタリング」は、OPPシートにおける「問い」が適切に機能して初めて効果を上げることができると考えられる。それはどういうことか。

「本質的な問い」は、学習前であれば素朴概念を引き出すことが主な目的であり、適切に機能すれば、学習や授業の目標がはっきりする。学習者に対して、「本質的な問い」の意図を伝えることに意味がある。

「学習履歴」における「問い」については、それがさらに典型的な形で現れることになる。「授業の一番大切なこと」への回答が適切に機能すれば、その時点における学習者の最近接発達領域が可視化され、学習者のどこに何をどう働きかけたらよいのかがわかる。ここでも、「本質的な問い」と同様に、「授業の一番大切なこと」を学習者が理解することが重要なので、学習者の「回答」に対してどのようなコメントを返すのかが、「モニタリング」の能力を身に付けるために重要になってくる。

具体例をあげれば、次のようなコメントが考えられるだろう。

「どこがわからない?」「この考え方でよい?」「何が足りないと思う?」「他の例はない?」「もう少し詳しく言うとどうなる?」「図に書いてみよう」「文章に書いてみよう」「このことから何が言えるかな?」「次に何が続く?」「〇〇についてはどう?」など。

コメントは直接、適切な回答を与えるのではなく、「先生は何を言おうとしているのかな?」「こういうことなのかな?」「そうか、図に書い

たりする方がわかりやすいのか」というように、学習者の手の届く範囲に助け船を出すことだと言える。言い換えると「足場かけ」である。

このように「モニタリング」は、OPPシートの教師の「問い」と学習者の「回答」の往還を繰り返すことによって、その実態把握と指導が可能になり、さらにその能力が高められることになる。

④「価値づけ」とOPPシートの「問い」の関係

「価値づけ」は、学習や授業における認知結果の評価機能を指す。この「価値づけ」に関しては、OPPシートの自己評価の「問い」がもっとも深く関係している。自己評価の「問い」は、「自分の考えが変わったのか変わらなかったのか、それに対してどのように思っているのか」などを問うているので、まさに学習の結果を「価値づけ」していると言えるだろう。

メタ認知の要素については、いろいろな考え方があり、冒頭の「問い」の問題点で指摘したように、この「価値づけ」を除いているものもある[8]。しかし、メタ認知の構成要素の中で「価値づけ」がとりわけ重要な役割を果たしていると考えられる。なぜならば、OPPシートの「問い」によって、学習者の「回答」を学習による変容として可視化することを通して、学ぶ意味や必然性、自己効力感を感得させることが可能になるからである。これまで行われてきたおびただしい学習や授業の中で、そのどれについても学習による変容が間違いなくあったのだが、それを明示できなかったことは残念としか言いようがない。このような能力を学習や授業で形成、獲得し、それが適切に機能するようにしなければ、いつまで経っても「自ら学び自ら考える」という「学びの独り立ち」は実現しない。

たとえ1時間の学習や授業といえども、「遠く、広く、深く」という視点が深く関わっているため、その重要性を再認識しておきたい。

4. OPPシートの「問い」を介在とした学習者と教師による情報の共有と活用

これまでにもふれてきたが、OPPシートの「問い」を適切に活用するためには、学習者と教師が情報を共有するとともにそれを適切に活用することが重要になってくる。学習や授業の情報の共有と活用はOPPシートの主に「学習履歴」から得ることができる。学習者と教師は、OPPシートを用いると、「学習履歴」を仲立ちにして両者が認知の内化・内省・外化を行うことができる。それを示したのが図5である。

(1)学習者と教師による情報の共有と活用

図5は、「学習履歴」を介在として、学習者と教師それぞれが認知の内化・内省・外化を行う様子を表している[9]。このとき重要なのはどのようなことであろうか。以下の4点にまとめてみる。

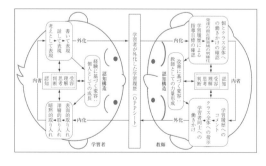

図5 学習者と教師の認知構造における内化・内省・外化

①「学習履歴」という同じ情報をもとに往還すること

一つめは、学習と授業において学習者が表現した学習履歴という同じ情報をもとにして往還が行われることである。両者が同じ情報を基礎としなければ、双方のやりとりにズレが生じるからである。これまでの授業研究の多くは、「学習履歴」のような具体的な事実を共有することなく議論が展開されることが多かった。そのため、たとえ同じ授業を見て意見を交わしていたとしても、論者がそれぞれどのような事実に基づいているのか明確になっていなかった。ただ同じ授業を見たという事実しか頼りにするものがなかったのである。たとえ同じ事実を見たとしても、その見え方は見る人によって異なるという観察の理論負荷性に依存しているのである。

われわれは理論負荷性から逃れることはできないが、少なくとも「学習履歴」という事実をもとにして議論を行えば、それがなくて意見交換を行っていたときよりも誤解を少なくすることはできるだろう。

②「学習履歴」を介在にして学習者と教師が内化・内省・外化を行うこと

二つめは、学習履歴を介在にして学習者と教師双方が内化・内省・外化を行うことである（図5参照）。どちらか一方が行えばよいのではない。これまでは、認知の内化・内省・外化が適切な形で行われず、また「学習履歴」から得られた情報を教師が勝手に（と言っては言い過ぎかもしれないが）解釈していることが多かった。

内化・内省・外化を学習者と教師の両者が行うということは、どちらも自らの目標をもち、自己評価を行っていることになる。なぜならば、たとえ最初は明確でなくても、自分の認知過程の実態を確認することは、自分が何をどのようにしようとしているのかにつながっているからである。こうした活動が積み重ねられることにより、次第に明確な目標になっていくと考えられる。そして、そのときの目標は、学習者なら学習目標、教師なら指導目標となる。さらに言えば、認知過程の内化・内省・外化は、学習者は学習の、教師は指導の改善を行うことにつながるのである。このような学習や指導は、それぞれの認知の調節を行っていることでもあるので、メタ認知活動が行われていると言える。

③学習と指導と評価の一体化が意識できること

三つめは、学習者と教師双方が認知の内化・内省・外化をただ行えばよいのではなく、それらがそれぞれ学習と評価の一体化、指導と評価の一体化であると意識できるようにすることである。すなわち、学習と評価の一体化は学習の改善であり、指導と評価の一体化は授業の改善に他ならない。

これまで、指導と評価の一体化については繰り返し説かれてきたが、学習と評価の一体化もきわめて重要である。なぜならば、前者は教師の、後者は学習者の視点に立脚しているからである。いくら教師が指導と評価の一体化を行い、授業改善によって学習者に力が付いたとしても、学習の受け手に自覚のないまま行われていたのでは、真の学びの核心を欠いているからである。重要なのは、学習者、教師双方が真の学びと指導を活動の中に取り入れることである。そのためには、前項②で述べた学習目標と指導目標とそれに連なる自己評価の必要性が自ずから明確になってくる。

学習と指導と評価の一体化が意識化できることは、教育実践を通して、学習者と教師が「共

に学ぶ」という視点をもつことであろう。その
ため、この活動を通して何を学んだのかを問う
ことも必要になるだろう。学習者と教師がお互
いに成長する鍵はそこにある。

④認知の内化・内省・外化がスパイラルに深められること

　四つめは、認知の内化・内省・外化は一回で
終わるものではなく、新しい「学習履歴」が提
出されるたびに行われ、スパイラルに深められ
るようにすることである[10]。冒頭で触れたよう
に、重要なことは繰り返し問い、その実態を確
認しなければ、修正や改善につながっていくこ
とはない。

　OPPシートでは、認知の内化・内省・外化
をとりわけ重視しており、この働きかけが「学
習履歴」を書いた後、すぐに繰り返されること
になる。認知の内化・内省・外化は、メタ認知
能力の育成に深く関わっているので、これが繰
り返し違和感なく行われることが望ましい。メ
タ認知能力の育成過程の一つを示していると言
えるだろう。こうした活動は、自分をよりよく
変えてくれるという自覚と密接に関わっている
ので、そのことに気付きさえすれば、抵抗なく
学習や授業の中で自然に取り入れられていくよ
うになると考えられる。

5. OPPA論は「問い」が命

　本書の実践事例から、多くの先生がOPPシ
ートを活用することにより、まずは学習者の実
態を深く知り、一人一人に応じた指導が可能に
なったことをあげている。それはOPPシート
の記録を読み取ることにより可能になったこと、
さらにそのような活動を通して力量を高めるこ
とができ、自分自身が教師として成長できたこ

とを報告している。

　本書に実践を寄せた執筆者の先生方は言うま
でもなく力量がある。その先生方でさえも見取
れない学習者の実態をOPPシートは明らかに
してくれたと言う。いかに有能な先生といえど
も道具が必要だったのである。その道具となっ
たのがOPPシートであり、その出発点は「問い」
であったことに着目しておきたい。

　教育実践における「問い」は、教師の専門的
力量ときわめて深く関わっており、さらに今後
の研究が求められている。

註
1）外山滋比古「4　人間・文化と創造的思考」pp.283-296の「問を出
す」の論考は示唆的である。（和田義信編著『教育学研究全集13　考え
ることの教育』第一法規、1977所収）
2）以下にあげたいずれの文献の中でも、メタ認知の「価値づけ」に関
する要素は含めていない。三宮真智子『メタ認知で〈学ぶ力〉を高める
認知心理学が解き明かす効果的学習法』北大路書房、2018、p.9、一般
社団法人日本理科教育学会編集『『メタ認知』を促す理科授業の工夫」
2023.2、Vol.72,No.847掲載の論文
3）堀　哲夫『新訂　一枚ポートフォリオ評価OPPA　一枚の用紙の可能
性』2019、東洋館出版社
4）同上書、p.38
OPPシートの作成と活用については、例えば上掲書2）、または以下の
文献を参照されたい。田中耕治編集代表『シリーズ学びを変える新しい
学習評価　理論・実践編③　評価と授業をつなぐ手法と実践』ぎょうせ
い、2020、pp.88-101
5）国立教育研究所教育課程研究センター「『指導と評価の一体化』の
ための学習評価に関する参考資料　中学校理科」東洋館出版社、2020、
pp.94-95
なお、OPPシートの中でコンセプトマップを使った実践は次の文献を
参照されたい。堀　哲夫監修・中島雅子編著『一枚ポートフォリオ評価
論OPPAでつくる授業』東洋館出版社、2022、pp.50-57
6）堀　哲夫監修・中島雅子編著、上掲書4）、pp.108-115
7）M. M. Cooper & S. Sandi-Urena, Design and Variation of an Instru
ment To Assess Metacognitive　　Skillfulness in Chemistry Problem
Solving, *J. Chem. Educ.* 2009, 86, 240-245（図は堀が一部加筆修正）
8）三宮真智子、上掲書2）、p.9
9）堀　哲夫、上掲書3）、p.166
10）堀　哲夫・山下春美「第4章　第2節　形成的評価を活用した学習
者の資質・能力の育成」pp.146-161（堀　哲夫・市川英貴編著『理科授
業力向上講座』東洋館出版社、2010所収）

2 中学校理科でOPPAを使うと何ができるのか

OPPA論を活用することで、中学校理科では何ができるのだろうか。本節では、次の2点について論じたい。

1. 学校現場に生きる研究
2. OPPA論に基づく「問い」による資質・能力の育成

1.「学校現場に生きる研究」

教育研究に関連して、田中耕治 (2013) は「『学校現場に生きる』新しいスタイルの研究を想像しなければならない」と指摘する。この「新しいスタイルの研究」とはどういったものだろうか。これについてOPPA論を中心に議論したい。

授業改善などに向けた教員の力量形成において「研究」は必要だと理解していても、「理論と実践の乖離」という言葉があるように、研究が「学校現場に生きる」という実感をもちにくいのが学校現場の実情であろう。例えば、長期研修や内地留学などを活用し、大学で研究活動 (研修) を行ったとしても、それを終えて現場に戻った際、その学びを生かすのは現実的には困難だと考える教員も少なくないと思われる。この原因の一つに、教育研究 (理論) と現場を円滑に結び付ける要素の欠如があると考える。

これについて、これまでの多くの報告により、通常の教育活動においてOPPA論を活用することで教師の資質能力の育成が促されることが明らかになっている。これは、理論 (OPPA論) と実践 (通常の教育活動) の往還によって教師の力量形成がなされると言い換えることができよう。つまり、通常の教育活動において研究が

同時に行われていることになる。これはOPPA論の特徴の一つである。

そこで、本節では「学校現場に生きる研究」に関わる課題を中心に、OPPA論を活用した「学校現場に生きる研究」について議論していく。これに関して、次の三つの問題が存在すると考える。

(1) 教師の教育観

第一に、「教育観」があげられる。「現場に生きる研究」を考える上で、適切な教師の教育観が不可欠である。ここでいう教育観とは、「評価とは何か (評価観)」「学力とは何か (学力観)」「学習とは何か (学習観)」といった教育に関わる考え方の総称を指す。この教育観を適切なものに磨き上げることが、「現場に生きる研究」の前提になろう。

例えば、「指導と評価の一体化」というテーマで授業改善に関する校内研修を行う際に、実践家である教師が「評価とは成績を付けること (Assessment of Learning)」といった評価観をもつならば、その実現は難しい。成績を付けることと指導をどう結び付けるのかの視点が不明確になるからだ。ここでは、まずは、教師自身が自己の教育観を「自己評価 (メタ認知)」し、適切なものへと変容させることが必要となる。

同様に「学習観 (学習に関する考え方)」や「授業観 (授業に関する考え方)」についても、問い直す必要があろう。

これについて例えば、大学や大学院などで研修の経験をもつ教師たちからの「(教育に関わ

る）言葉の定義を改めて整理する必要を感じた」という声をよく耳にする。その通りなのであるが、ここではあえてそれだけでは不十分だと述べておきたい。なぜならば、言葉を単に覚えたり理解したりしても、それが「教育現場に生きる研究」の中で活用されなければ意味がないと考えるからである。活用されるためには具体的な事例を想定した教師の「実感を伴った理解」がなければ効果的に働かないと考える。教育観というような、人の考え方を変えるのは至難の業だ。では、具体的にはどうすれば変わるのだろうか。

ここで、評価の機能について改めて押さえておきたい。表1 に示すように教育評価は大きく三つの機能をもつ。一般的に評価の意味として広く理解されている「成績付け」は「学習の評価（Assessment of learning）」を指す。「学習のための評価（Assessment for Learning）」と、「学習としての評価（Assessment as Learning）」の両方の機能をもつのがOPPAである。「学習のための評価」は「指導と評価の一体化」を意味し、「学習としての評価」は「学習と評価の一体化」を意味する。この「学習としての評価」は、表1 に示すように、「自己の学習のモニタリングおよび自己修正や自己調整（メタ認知）」をその目的とする。つまり、評価による資質・能力の育成である。この「学習としての評価」は言い換えると「自己評価」を指す（中島、2019）。

このことについて、OPPAの機能である「学習と指導と評価の一体化（Assessment as Learning and Teaching）」が、教師の教育観の変容を促し、学習・授業改善がなされることが明らかになっている（中島、2019）。具体的には、OPPシートの可視化された学習者の学びの実相を、教師が把握し授業改善に生かす、すなわち「指導と評価の一体化」と、学習者自身が自ら設定した「学習目標」と照らし合わせて「自己評価（メタ認知）」するといった「学習と評価の一体化」の両方が、日常の通常の教育活動の中で可能になることでなされる。これがOPPA論による「学校現場に生きる」研究を可能にする。このような「研究」が学校現場で日常的に行われることが望まれる。

表1 評価の機能（石井、2013より筆者抜粋、加筆した。その際Earl、2003を参照）

アプローチ	目的	準拠点	主な評価者
学習の評価 （Assessment of Learning）	成績認定、進級、進学などのための判定（評定）	他の学習者。教師や学校が設定した目標	教師
学習のための評価 （Assessment for Learning）	教師の教育活動に関する意志決定のための情報収集、それに基づく指導改善	学校や教師が設定した目標	教師
学習としての評価 （Assessment as Learning）	自己の学習のモニタリング、および、自己修正や自己調整（メタ認知）	学習者個々人が設定した目標や、学校・教師が設定した目標	学習者

(2)教育研究の目的

第二に、目的論である。つまり、「何のための研究なのか」である。例えば、先ほど述べたように現職の教員が「研究」を行う場として、大学や大学院での研修がある。田中（2013）によれば、大学の教員（研究者）が「現職の先生たちと『研究』を」進める際、学校現場からは「研究のための研究になってしまって」おり、「日常の通常の教育実践には役立たない」という批判の声が聞かれ、「おもに研究者の側からは、『学者の物まねのような研究をしているのではないか』という批判の声が聞こえてきた」と言う。田中は、「この『学者の物まね』という批判は、否定的なニュアンスではなく、旧来のアカデミズムでの『研究スタイル』に無批判に追随しているのではないかという問題提起」であると述べ、この「両者の批判は『教育現場に生きる』教育研究のあり方を鋭くついたもの」と指摘する。あらためて「何のための」そして「誰のための」研究か、の問い直しが必要となろう。

(3)現場に生きる教育の方法論

第三に、方法論である。これは、本書の実践編に示された「OPPAを通した教師の変容」に具体的な事例とともに示されている。個々の事例とその概要は、次項において紹介する。また、堀 哲夫監修・中島雅子編『一枚ポートフォリオ評価論OPPAでつくる授業』（以下、『OPPAでつくる授業』）の「第3章応用編」に掲載された「9　教育とは何だろうか」では、OPPA論を「校内研修」で活用した事例が紹介されている。同じく「8　教師も自分の成長を実感」では、教師用OPPシートにより、自身の授業研究を行う事例を紹介している。これらも本書と

あわせて参考にしていただきたい。

2.OPPA論に基づく「問い」による 資質・能力の育成

(1)OPPA論に基づく「問い」と 「パフォーマンス課題」

次に、「OPPA論に基づく『問い』による資質・能力の育成」についてである。

近年、学校現場において「パフォーマンス課題」という言葉が聞かれるようになった。これは、学習者の資質・能力の育成に効果があるとされている。OPPA論ではこれまで「パフォーマンス課題」を強調してこなかった。それは、「パフォーマンス課題」の機能をOPPシートに設定された「問い」を中心に論じてきたからである。

OPPAの開発者である堀 哲夫（2022）は「パフォーマンス課題」を「パフォーマンス評価に用いられる課題。表現活動や表現物などの実績や成果を確認できるものが求められる」とし、「OPPシートの『問い』は「パフォーマンス課題を重視している」と説明する。その理由として「学習の結果として何が獲得されているかという判断には、現実世界の課題をどう解決するかということまでも見通して、資質・能力を見取ることが必要とされているから」と説明する（堀、2019）。例えば、OPPA論における「本質的な問い」の「パフォーマンス課題」としての機能が、学習者の概念や考え方の形成・変容過程を可視化することにより「学習と指導と評価の一体化」が円滑になされ、学習者の「自己評価」と教師の授業改善、言い換えると両者の資質・能力の向上が促されることが明らかになっている。これについては、具体的な事例をもとに後ほど詳しく述べる。

(2) なぜ「パフォーマンス課題」なのか

このように学習者の資質・能力の育成の機能をもつ「パフォーマンス課題」であるが、ここではOPPA論における「問い」、言い換えればOPPA論に基づく「パフォーマンス課題」により育成される資質・能力についてさらに議論を進めたい。

最近注目されている「非認知能力」について、OPPA論による育成の可能性が明らかになってきている（中島、2022）。「非認知能力」は幅広い概念として語られることが多い。小塩（2022）によれば、「非認知」という言葉は21世紀に入ってから、特に2010年代以降によくみられるようになってきたものであり、「非認知能力という言葉自体にも、知能や学力などそれまでに重要だと考えられてきた能力ではないものの中に注目すべき心理特性があるという主張が含まれている」と説明する。

続けて小塩（2022）は、認知能力の中でも学校現場で重要視されてきたのは「知能」と「学力」であり、「学力」については「学校での定期試験や入学試験、全国学力・学習状況調査のような、いわゆる学力テストで測定されるもの」を指すと説明する。したがって「非認知能力」とは、知能テストや学力テストでは測れない能力、つまり「何かの課題に対して懸命に取り組み、限られた時間の中でできるだけ多く、より複雑に、より正確に物事を処理することができる心理的機能を指す」と述べる。

このように考えると、現行の学習指導要領では、学力の要素として「主体的に学習に取り組む態度」「知識・技能を活用して課題を解決するために必要な思考力・判断力・表現力」「基礎的・基本的な知識・技能」が示されているが、これらの中にも「非認知能力」が含まれている。

学習指導要領の骨子が示されて以来、OPPA論に注目が集まっているのは、この「非認知能力」の育成とその評価にOPPA論が効果的であることの証左と言えよう。

OPPA論で育成される資質・能力としては、これまで「メタ認知」があげられてきた。先ほども述べたようにOPPA論では「問い」を重視するのであるが、堀は前節の「OPPA論は『問い』が命」において、これまで「メタ認知の非認知的要素に関わる『問い』はほとんどない」と述べ、これは、従来の「メタ認知」に「『価値づけ』のような要素が含まれないことによる」と主張する。さらに、堀は「メタ認知」の中でも特に「プランニング」「モニタリング」「価値づけ」に注目し論じているが、小塩の定義によれば、これらは「非認知能力」と考えてよいだろう。

(3) OPPA論における「問い」による「非認知能力」の育成

ここでは、なぜOPPA論における「問い」が「非認知能力」の育成とその評価に効果的に働くのかを論じたい。具体的には、OPPA論のキーワードである「概念や考え方の形成・変容過程の可視化」と「自己評価」を中心に整理する。

① 概念や考え方の形成・変容過程の可視化について

先ほど（1）「OPPA論に基づく『問い』と『パフォーマンス課題』」で述べたように、OPPA論においてはOPPシートに設定された「問い」により「学習者の概念や考え方の形成・変容過程」が可視化されることで「学習と指導と評価の一体化」が円滑になされる。

Visible Learning（邦題『可視化された学習』）の著者であるジョン・ハッティ（John Hattie）は、その序文において次のように述べている。

「学んでいることを教師が生徒の目を通して見ることができ、同じように生徒のほうも教師の目を通して見ることができれば、学習（learning）の達成度は最大になる」。さらに「目の前で起きている学習（learning）を『傾聴』する対話が織りなされる」必要がある（下線は筆者による）。具体的には「教師がやるべきこと」として次の四つをあげている（表2）。

表2 教師がやるべきこと
（ジョン・ハッティ、2013より筆者作成）

a	生徒が現在どの位置にいて、次に何を達成する必要があるかについて、はっきりと理解したうえで適度な挑戦ができるよう、教師がその気にさせること
b	生徒全員が学習することができるという高い期待をすること
c	学びのよい機会として間違いを歓迎すること
d	学んでいることに夢中になって言語化したり、言語化するように働きかけたりすること

さらにこう続ける、「これらの最も重要なテーマは、生徒の教師も共にラーナー（learner：学習者）になることであり、それは学習者に焦点を当てたアジェンダ（agenda：検討課題）でもある」と。

この主張をOPPA論に関連付けて整理したい。まず、上記の下線部分についてである。

図1は、堀（2013）による「思考や認知過程の内化・内省・外化と学習者・教師の認知構造」である。この図は、ハッティが主張する「学んでいることを教師が生徒の目を通して見ることができ、同じように生徒のほうも教師の目を通して見る」ことを示すと言ってよいだろう。この「生徒の目を通して」は、OPPA論の場合OPPシートの記述と考えられる。つまり、ハ

ッティによる「学んでいること」は、OPPシートを介して「思考や認知過程の内化・内省・外化」として学習者と教師の双方に可視化されることになる。

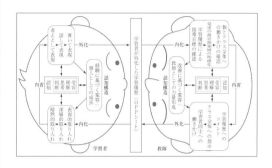

図1 思考や認知過程の内化・内省・外化と学習者・教師の認知構造

なぜこのようなことが可能になるのか。それは、OPPシートに設定された「問い」による。これについて堀（2019）は「学習者主体の回答を求める『問い』であることにより，学習者の資質・能力に応じて回答でき，学習者一人一人の資質・能力を育てることにつなげることが可能になる」と主張する。つまり、この「問い」に対する回答が「学習者主体」であることが重要なのである。

OPPシートには基本的に三つの「問い」が設定される。一つ目は学習前後に同じ問いを設定する「本質的な問い」。二つ目は、学習履歴欄に設定される「この授業で一番重要（大切）だと思ったことを書きましょう」。三つ目は、学習後に設定される「この学習を通して何がどのように変わりましたか、また変わりませんでしたか。考えが変わったとすれば、そのことについてどのように思いますか」である。これらの「問い」はすべて「あなたはどう考えるのか」を問うているので、回答の主語は学習者となる。これが「回答の主体は学習者」になるために

OPPシートに設定された仕掛けである。

　次に、表2に示された4点についてである。「a　生徒が現在どの位置にいて、次に何を達成する必要があるかについて、はっきりと理解したうえで適度な挑戦ができるよう、教師がその気にさせること」と「b　生徒全員が学習することができるという高い期待をすること」は、例えば学習者の記述に対する教師のコメントが、その役割を果たす。OPPシートへの教師のフィードバックは、学習者の記述に対してできるだけ「肯定的」である必要がある。これが、学習者の「自己効力感」や「自己肯定感」の向上を促すことがこれまでの報告で明らかになっている（中島、2019）。学習履歴欄には先ほど示した「問い」のほかに「感想や疑問などなんでもよいので自由に書いてください」と補足される場合が多い。これは学習者による「学習目標」の形成に効果がある（平田、中島、2022）。

　これらの「問い」によって、学習者自身が「現在（自分が）どのような状態で、次に何を達成する必要があるか」を理解することで、学習者自身による「学習目標」がOPPシートに表出される。感想・疑問を記入する欄だけでは「学習目標」の形成は難しい。その前に一度「授業で一番重要（大切）だと思ったこと」を考えることが重要となる。なぜならば、この「問い」によって必然的に「振り返り」がなされ、次の学びにつながる「学習目標」が形成されるからである。

　さらに、表2のaに示された「生徒が現在どの位置にいて、次に何を達成する必要があるか」については、学習前の「本質的な問い」と学習履歴欄に設定された「この授業で一番重要（大切）だと思ったことを書きましょう」によって可視化される。具体的には、学習前の「本質的な問い」に対する回答により、学習者が学習前にもつ素朴概念や素朴な考え方の可視化がなされる。また、学習履歴欄に学習者の考える「一番」が記述されることで、個々の学習者が「どの位置にいて何を達成する必要があるか」を学習者と教師の双方が理解するために必要な学習者の「価値づけ」の可視化が可能になる。

　次に、「c　学びのよい機会として間違いを歓迎すること」である。これは、OPPA論のキーワードである「間違いは宝」と同義と考えられる。「間違いは宝」とは、間違いを学習・授業改善に生かす視点（宝）と捉えることを表す言葉である。学習者個々によって間違いの様相は様々であるが、OPPシートでそれらを形成的にモニタリングすることで、学習・授業改善に関する示唆が得られる。

　通常、授業中の発言や提出物などにおいて、教師は学習者に正答を求める傾向にあるため、これに対し学習者は間違えることに恐怖や不安を覚えてしまう傾向がある。学習者自身が「間違いは宝」であると認識し、間違いであっても怖がらずに自分の「本音」を表出する学習環境が必要となる。ここでは、学習者に対し「間違いは宝」であることを授業中に繰り返し働きかけることが肝要となる。OPPA論では、OPPシートによって学習者一人一人とコミュニケーションをとることができるので、個々にも対応可能である。

　最後に、「d　学んでいることに夢中になって言語化したり、言語化するように働きかけたりすること」である。学習者が「学んでいること」の何に「夢中」になっているのかは、OPPシートの学習履歴欄に設定された「授業を通して一番重要（大切）だと思ったことを書きましょう」によって可視化される。なぜならば、それが「夢中」になっていることを指すと考えられるからである。

②「自己評価」について

OPPA論は「自己評価」を重視した教育論である。OPPA論における「自己評価」は、「学習としての評価（Assessment as Learning）」を意味する（表1）。中島（2019）によれば、これまでの自己評価で多く見られるのは、学習者は自身の学びに対し「理解できましたか？」や「楽しかったですか？」といった「問い」、また、教師は自身の教育活動に対し「使用した教材は有効でしたか？」といった「問い」に対し、それぞれの主観に基づき「A・B・C」を付けるものや「よかった・わるかった」といった情意面が中心だった。これは「評価は成績をつけるためのもの」という評価観によると考えられる。そのため、評価としての客観性や認知面の視点が欠けたものが多く、授業改善に効果的とは言いがたかった。

先述のように、OPPA論における「自己評価」では、資質・能力の育成が促される。

3.「問い」が適切に機能した事例

冒頭で述べたように、ここでは具体的な事例をもとに論じたい。

(1) パフォーマンス課題としての「本質的な問い」

まず、パフォーマンス課題としての「本質的な問い」による事例を、『OPPAでつくる授業』の「第3章応用編」に掲載されている「5　タマネギはどんな生物だろうか」から抜粋して紹介する。

単元は、中学校第2学年「動物の生活と生物の変遷」である。この実践の特徴は、OPPAシートにおける「本質的な問い」のほかに、授業における「発問としての本質的な問い」を設定

したところにある。

本実践では、OPPシートの「本質的な問い」として「命とはなんですか？」を設定した。実践者の伊藤教諭によれば、これは、本単元の学習事項のすべてを包括する概念が「命」であると考えたこと、および、中島（2019）に基づき、答えが一つとは限らない「問い」を設定することで、学びを通した回答の変容が大きいと考えたことによる。

「発問としての本質的な問い」として「タマネギはどのような生物だろうか」を設定した。これは、その授業内容に応じた「問い」を設定することで、学習者にその単元における科学的概念の理解を促すことを目的としている。これにより、学習者の既有の素朴概念や素朴な考え方を科学的概念に変容させることを通して「非認知能力」の育成を促されることを期待するものである。これは、図2に示す堀による「OPPAの学力モデル」に基づいている。

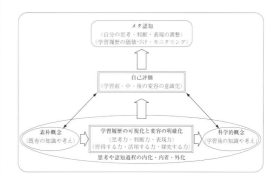

図2 OPPAの学力モデル（堀、2019）

(2) 教師の教育観の感得

ここからは、本書に掲載された事例をもとに具体的に見ていきたい。本書では、すべての事例において、「OPPAを通した教師の変容」として、教育観の変容について記載している。これ

は、学習・授業改善がなされると同時に教師の教育に関する考え方が徐々に変容し、これが学習者および教師の資質・能力の育成を促すからである。

例えば、第2章「9　変わるべきは教師自身—生徒の学びをサポートする存在に—」では、教師の学力観、学習・授業観、評価観などがOPPA論の活用によって変容し、その結果、授業が大きく変わったことを具体的に紹介している。教師はその結果、「授業を変えることへの不安が消え、これまで教師の経験に依拠したために曖昧だった事項が、ある程度の確信をもって取り組めるようになった」と述べている。

実践者の山口教諭は、図3の記述により「私の不安が一掃された」と述べる。生徒Bの「今まで理科はただ暗記をする教科というイメージが強かったですが、今日は班やクラスで活発に意見を出し、共有することができて楽しかったです」という記述から、「教師の説明を聞くだけよりも、自分たちで意見を出し合うことに楽しさを見いだしている」といった生徒の学びの実態を理解することができた。また、生徒Cは授業中のクラスメイトとの会話からドライヤーにマイナスイオンが発生する装置があることに気付き、『イオン→電気と関係有!!』と記述した。

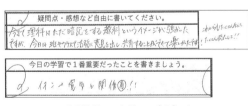

図3　1回目授業後の生徒B（上）と　　生徒C（下）の記述例

この記述から、「教師が誘導しなくとも自分たちの力で、イオンと電気の関係性を導き出していた」事実を目の当たりにすることができた。

これにより、山口教諭は「私の不安は一掃され、この方法で間違いないという確信に変わった」と語っている。これらは「生徒が気付かせてくれた」と言うのである。

また、同様に第2章「7　SOSをありがとう—個別の学びを促すOPPシート—」では、学生時代に学んだOPPA論の効果を理解しながらも、最初は活用することを躊躇していた様子が綴られている。

実践者の杉本教諭は、OPPA論を活用する前は「教材研究や生徒と関わる時間がない」「よい授業をできている自信がない」と自分の考えが「負の連鎖につながっていた」と言う。同僚からの「他の教科と同じ感想を書くだけの用紙ですか?」という声もあったが、OPPA論の効果を信じて使用した結果、「生徒の記述の見取りが的を絞った授業改善につながり、自分に自信がもてるようになった。その余裕から、生徒の頑張りを周囲の先生に伝える時間がもてるようになったことがうれしい」と述べている。たとえベテランの教師であっても、自身の授業に自信や確信をもつのは難しい。しかし、OPPシートを介して生徒の学びを目の当たりにすることで少しずつ自信をもてるようになった好事例と言えよう。

これらはまさに先ほどのジョン・ハッティ(John Hattie)による「学んでいることを教師が生徒の目を通して見ることができ、同じように生徒のほうも教師の目を通して見ることができれば、学習(learning)の達成度は最大になる」ことや「目の前で起きている学習(learning)を『傾聴』する対話が織りなされる」ことを示す事例と言えよう。

(3) 生徒主体の学び

　OPPA論研究会では、「まずはOPPシートを使ってみてください」と説明している。「使って初めてその効果がわかる」との声が多いからである。「その後、理論を学ぶことでその考えが強固になる」という言葉はまさに実感であろう。OPPA論は「実践に裏付けされた理論」であり、活用した実践が「理論に裏付けされた実践」であるところにOPPA論の特徴がある。さらに、山口実践では「④ 教師の想定を超えた生徒の学び」において、OPPシートを介して得られた想定外の学びにも触れている。これは、エージェンシー（agency）の高まりと捉えてよいだろう。

　エージェンシーとは溝上慎一（2020）によれば「主体的な学習」を指す。これは学習指導要領で示される「主体的な学び」と考えてよいだろう。本書では、OPPA論によるこの「主体的な学び」に関する事例を多く取り上げた。

　例えば、第2章「2　問いづくりからはじめる授業—OPPAが促進する生徒主体の探究—」では、生徒が自ら「問いづくり」を行うところから始める授業を紹介している。実践者である山本教諭はOPPA論に基づく「ワークショップ型授業」を取り入れることで「主体的な学び」を実現させた。この授業は、一見教師が全く「口を出さない」ように見えるのだが、実際は生徒の学びの実相を、OPPシートを介して毎時間モニタリングしながら進めている。「主体的な学び」は、我が事として学習に取り組むことと言い換えることができる。生徒の記述（OPPシートの問いへの回答）は、主語が生徒であるため、必然的に生徒は我が事として授業を捉えることになる。これまでワークショップ型授業の利点は理解していても、「授業の収拾がつかなくなる」といった不安の声をよく耳にした。本実践は、その不安解消の一助になると考える。

　ここで、OPPシートの活用に関する質問として多い「授業中にOPPシートを書く時間が取れない」「時間がもったいない」という声に対し、あらためて回答したい。先ほども述べたように本実践はOPPシートの活用なくしては難しい。

　図4の記述から、教師は「生徒Bは教師から提示された『燃える"もの"』という質問づくりの焦点を受け、太陽が燃えているという既有の知識から『真空中でも火は燃えるのか』と自らの問いを設定していた」という生徒の考え方を理解し、「その後、班員とそれぞれの立てた問いを共有し、『真空中や水中など空気のないところでは、本当にものは燃えないのか』をテーマとして、探究活動をスタートした」ことが把握できたのである。つまり、OPPシートがなければこのような生徒一人一人の考え方の形成過程の把握は難しく、その結果、収拾がつかなくなるだろう。

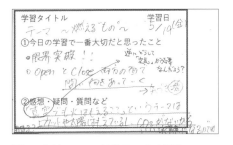

図4　生徒Bの1時間目の記述例

　このように考えると、「授業中にOPPシートを書く時間が取れない」とするのは、誤解を恐れずに言えば、「教師の都合」である。「もったいない」と感じているのは教師であって、生徒ではない。OPPシートに書く時間を何に当てるのかと言えば、多くの場合、最後の「（教師による）まとめ」や「問題演習」だと言うのである。これらは教師主体の考え方ではないだろ

うか。つまり「指導と評価の一体化」と「学習と評価の一体化」では、「生徒がこの授業を通して何をどのように理解し、どこかどのようにわからないのか」を生徒と教師が自己評価することが重要であるにもかかわらず、教師の考え方のもと、ひょっとしたら多くの生徒にとって不必要な「まとめ」や「演習」を行っている可能性は否定できない。これは「教師主体の授業」観によるものと考えられる。学習指導要領で示される「学習者主体」の学びには、教師の授業観をより適切なものへ転換させることが必須となろう。OPPA論を活用した多くの教師から「OPPシートを活用することで、授業研究にかける時間が短縮された」「次の授業準備が楽になった」との声が寄せられている。これは、教師自身の実感であろう。

　また、「毎回授業の中で『振り返り』を行っているのでOPPシートは必要ない」との声もある。この「振り返り」の具体にもよるが、OPPA論では、図1で示した「認知過程の内化・内省・外化」が円滑になされるための要件として、学習履歴欄に設定された「問い」による形成的な「自己評価」をあげている。「振り返り」は「内省」「省察」といった言葉で説明されることもあるが、OPPシートはこの要件を満たすシートとして開発された。

　次に国際バカロレア（IB）教育における事例として第2章「6　国際バカロレア(IB)教育におけるOPPA—「IBの学習者像」を育成—」

を紹介したい。文部科学省・国際バカロレア教育推進コンソーシアムは、IB認定校が価値を置く人間性として「IBの学習者像（The IB Learner Profile）」を示す。「知識のある人、考える人、コミュニケーションができる人、信念をもつ人、心を開く人、思いやりのある人　挑戦する人　バランスのとれた人　振り返りができる人」の10項目である。本文ではOPPシートの記述から「IBの学習者像」の見取りが可能であることが紹介されている。図5は、本実践における生徒Dと生徒Eの記述である。上記10項目の人物像については、それぞれ国際バカロレア機構（IBO）により具体的に定義されているのであるが、これに基づき、生徒Dは「信念をもつ人」「考える人」、生徒Eは「振り返りができる人」に該当すると考察している。このようにOPPシートにより、根拠をもって「IBの学習者像」を見取ることが可能であると示した実践である。

■ (4)「個別最適な学び」と 「協働的な学び」

　最後に、本書における「個別最適な学び」と「協働的な学び」に関する実践について簡単に紹介したい。まず「個別最適な学び」についてである。これは、すべての実践において見られるものであるが、ここでは第2章「5　自己評価によるメタ認知の育成—OPPシートは『学びの足跡』—」を紹介する。実践者の茂木教諭は、OPPシートを「生徒一人一人にとって、

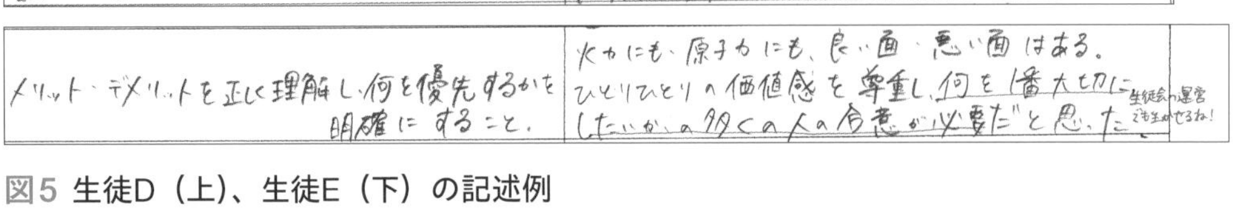

図5　生徒D（上）、生徒E（下）の記述例

自分なりの『学びの足跡』」であると表する。「ここには、自分の学びへの価値付けや振り返りが表れる。これらを教師が見取り、生徒に働きかけることで、メタ認知の育成に大きな効果が得られる」とし、OPPシートの機能によるメタ認知の育成について考察する。これは文部科学省が示す「『個別最適な学び』と『協働的な学び』の一体的な充実」の好事例と言えよう。一斉授業が基本である日本の学校現場において「個別最適な学び」の実現には課題が多い。これに対して、OPPシートの効果は大きい。

次に「協働的な学び」についてである。「OPPAは協働的な学びの視点に欠ける」といった指摘が、特に開発当初寄せられた。その改善方法として我々に寄せられたものの多くは「OPPシートをクラスで共有する」や「隣、あるいはグループの生徒同士で評価する」といったOPPシートを教材としてグループワークを行うといった内容であった。しかし、これらの方法は、OPPA論で重視する「OPPシートに学習者の『本音』を記述させる」ことを妨げることになりかねない。つまり、OPPシートを「他人に見せる」となると、学習者は本音より建前を優先してしまうだろう。このような提案の背景には、OPPシートは「評価」に用いるシートであるという認識の欠如があると考えられる。広い意味では「教材」と表現することもあり得るが、OPPシートそのものを授業の中で共有するのは、評価に関する偏った考え方（評価観）によるのではなかろうか。極端な言い方をすれば、定期試験の結果（テストの解答用紙）を生徒たちで共有することを想定するだろうか。定期試験に用いる「問い」と、OPPシートに設定された「問い」はその質は異なるものの、「評価のためのシート」であることに変わりはない。

そもそも理科授業においては、グループワークによる観察・実験が主流であり、近年特に「対話的な学び」が叫ばれるようになって以来、その傾向はますます高まっている。しかし、先ほど述べたように、ここには「授業の収拾がつかなくなる」との教師の不安が付きまとう。OPPシートにより、その課題の大部分は解決されるものと思われる。

以上、中学校理科でOPPAを使うと何ができるのかについて、「学校現場に生きる研究」と、その具体としてのOPPA論に基づく「問い」による資質・能力の育成という視点から述べてきた。冒頭でも述べたように、難しいとされる「理論と実践の往還」と、これによる教育研究は、教師が実践者であると同時に研究者として、その成果を発信することで、多くの教師が共有し、実践を可能にすると考えられる。これは、1（2）で述べたような「旧来のアカデミズムでの『研究スタイル』」ではない、「『学校現場に生きる』新しいスタイルの研究」と言えるだろう。

参考文献

Earl, L. M. (2003). Assessment as Learning: Using Classroom Assessment to Maximize Student Learning, Corwin Press, 26.

平田朝子・中島雅子（2022）「OPPA論に基づいた「学習目標」の形成に注目した資質・能力の育成に関する研究」『教育目標・評価学会紀要』第32号、pp.43-52

堀 哲夫（2019）『新訂 一枚ポートフォリオ評価OPPA 一枚の用紙の可能性』東洋館出版社

堀 哲夫監修・中島雅子編著（2022）『一枚ポートフォリオ評価論OPPAでつくる授業』東洋館出版社

石井英真（2013）「これからの社会に求められる学力とその評価—『真正の学力』の追求—」『初等教育資料』東洋館出版社

ジョン・ハッティ、グレゴリー・イエーツ著・原田信之他訳（2021）『教育効果を可視化する学習科学』北大路書房

溝上慎一（2020）『社会に生きる個性 自己と他者・拡張的パーソナリティ・エージェンシー』東信堂

中島雅子（2019）『自己評価による授業改善—OPPAを活用して—』東洋館出版社

小塩真司（2021）『非認知能力 概念・測定と教育の可能性』北大路出版

田中耕治（2013）『教育評価と教育実践の課題—「評価の時代を拓く」—』三学出版

3 「新たな教師の学び」と教育観の転換
―教師の専門的力量を高めるために―

1. はじめに

　令和3年1月、中央教育審議会は「『令和の日本型学校教育』の構築を目指して～全ての子供たちの可能性を引き出す、個別最適な学びと、協働的な学びの実現～（答申）」（以下、「令和3年答申」）を示し、先行き不透明な「予測困難な時代」が到来する中で、2020年代を通じて実現を目指す「令和の日本型学校教育」の在り方を「全ての子供たちの可能性を引き出す、個別最適な学びと、協働的な学びの実現」と定義した。さらに、これを担う教師の研修の在り方として「新たな教師の学びの姿」が示された。本節では、「新たな教師の学びの姿」、殊に「研修履歴等を活用した対話に基づく受講奨励」におけるOPPA論の活用について述べる。

2.「新たな教師の学びの姿」の背景

(1)教員研修を巡る動き

　令和3年答申に示された「令和の日本型学校教育」を実現するため、令和3年3月、「『令和の日本型学校教育』を担う教師の養成・採用・研修等の在り方について」中央教育審議会に諮問が行われた。特に、「令和の日本型学校教育」を担う教師の在り方特別部会が組織され、まず、諮問の検討項目の一つである教員免許更新制について集中的に審議が行われた。令和3年11月に教員免許更新制の抜本的な見直しについて結論を得て「審議まとめ」を示した。

　「審議まとめ」では、「新たな教師の学びの姿」

を示すとともに、教員免許更新制の発展的解消を担保する仕組みとして、管理職等による研修履歴等を活用した対話に基づく受講奨励の仕組みが示された。

　令和4年12月、中央教育審議会「『令和の日本型学校教育』を担う教師の養成・採用・研修等の在り方について～『新たな教師の学びの姿』の実現と、多様な専門性を有する質の高い教職員集団の形成～（答申）」（以下、「令和4年答申」）が出されるが、答申に先立ち教育公務員特例法および教育職員免許法が改正され、令和4年8月に「研修履歴を活用した対話に基づく受講奨励に関するガイドライン」（以下、「ガイドライン」）が文部科学省から示された。

　令和5年4月から研修履歴等を活用した対話に基づく受講奨励の仕組みが始動し、「新たな教師の学びの姿」を実現するための動きが本格的になった。

(2)「新たな教師の学びの姿」という研修観の転換

　令和3年答申に示された「理想的な教師及び教職員集団の姿を実現するための、教師の養成・免許・採用・研修に関する制度の改革の方向性」の一つとして、「審議まとめ」や令和4年答申に「新たな教師の学びの姿」の実現が示されている。子どもたちの学び（授業観・学習観）とともに教師自身の学び（研修観）を転換し、「新たな教師の学びの姿」（個別最適な学び、協働的な学びの充実を通じて「主体的・対話的で深い学び」）を実現するというものである。

　「審議まとめ」では「新たな教師の学びの姿」

として、次の4点が示された。

- 変化を前向きに受け止め、探究心を持ちつつ自律的に学ぶという「主体的な姿勢」
- 求められる知識技能が変わっていくことを意識した「継続的な学び」
- 新たな領域の専門性を身に付けるなど強みを伸ばすための、一人一人の教師の個性に即した「個別最適な学び」
- 他者との対話や振り返りの機会を確保した「協働的な学び」

　さらに、令和4年答申では、「個別最適な学び、協働的な学びの充実を通じて、『主体的・対話的で深い学び』を実現することは、児童生徒の学びのみならず、教師の学びにも求められる命題である。つまり、教師の学びの姿も、子供たちの学びの相似形であるといえる」としている。

　今後の教員研修を考える上で、教師自身が主体的な姿勢で「個別最適な学び」と「協働的な学び」を継続的に行い子どもたちの学びのロールモデルであるという研修観への転換を迫るものである。

(3)研修履歴を活用した対話に基づく受講奨励

　「新たな教師の学びの姿」を実現するために、国・教育委員会等による教員育成指標等に基づく体系的な研修の仕組みづくりやオンライン学習コンテンツの充実に加え、導入されたのが「研修履歴を活用した対話に基づく受講奨励」である。これは、教育委員会による教師の研修履歴の記録の作成と当該履歴を活用した資質向上に関する指導助言等の仕組みである。この受講奨励は教育公務員特例法により実施しなければならない取り組みでもある。

　実際には、各学校において校長・管理職等（以下、「校長」）が一人一人の教員に対して研修履歴の記録を活用し面談などの様々な機会において、その教員の「個別最適な学び」を促すために各種研修会の情報を提示し受講を奨励するというものである。

3.教師の主体的な研修とOPPA論

(1)教師の主体的な研修と自己評価

　「新たな教師の学びの姿」の下で教師が主体的な研修を行っていくためには、教師自身の研修に対するマネジメントを促進する必要がある。「審議まとめ」においても、「新たな教師の学びの姿」に適切な目標設定、現状把握、積極的な「対話」が求められており、自律的・体系的・計画的な学びを実現するためには、自らの学びを適切に振り返りつつ、適切な目標の設定と現状の把握が必要となることが示されている。このように「新たな教師の学びの姿」では、自己評価が重要な位置を占めるとともにメタ認知の能力が求められている。

(2)研修履歴の記録とOPPA論

　ガイドラインの基本的考え方で、研修履歴の記録について「その中で各教師が学びの成果を振り返ったり、自らの成長実感を得たりすることが一層可能になると考えられる。また、これまで受けてきた研修履歴が可視化されることにより、無意識のうちに蓄積されてきた自らの学びを客観視した上で、さらに伸ばしていきたい分野・領域や新たに能力開発をしたい分野・領域を見出すことができ、主体的・自律的な目標設定やこれに基づくキャリア形成につながることが期待される」と述べられている。

　また、基本的考え方で「教師が自らの研修ニ

ーズと、自分の強みや弱み、今後伸ばすべき力や学校で果たすべき役割などを踏まえながら、必要な学びを主体的に行っていくことが基本である」と述べられており、ここでもメタ認知の能力が求められている。

■ (3) OPPA論活用の教員研修への拡張

OPPA論は、主に初等中等教育において活用され、研究および実践は数多く報告されているが、高等教育における実践についても、堀（2009）や鶴ヶ谷ほか（2019）による学部の教員養成課程での取り組み、堀ほか（2013）による教職大学院での取り組みが報告されている。さらに、榎本（2022）による教員研修での取り組みが報告されるなど、児童生徒から学生、院生、教員と活用範囲が広がっている。

堀ほか（2013）は、教職大学院での実践において「学修や行動の改善には、自己の何が不適切であり、何をどう変えることが必要なのか、それは時間を要するか否か、目的達成の方法に

不備はないか等を適切に把握するためには自己評価の能力が不可欠になってくるのである」と指摘し、OPPA論を導入している。

そこで、OPPA論の活用を「主体的な学び」が求められる「新たな教師の学び」へ拡張することを考えた。

4.教職大学院の授業実践から見えてきたこと

■ (1) 授業の概要

「新たな教師の学びの姿」の実現の一つの柱である「対話に基づく受講奨励」にOPPA論を取り入れた実践は始まったばかりである。そこで、現職教員の身分を有したまま大学院で学ぶ院生（現職院生）、学部を卒業してそのまま大学院に進学した院生（学卒院生）が共に学ぶA大学教職大学院で行ったOPPA論を取り入れた授業実践を通して「新たな教師の学びの姿」、殊に「対話による受講奨励」へのOPPA論の活

表1「学校課題改善演習」のOPPシートを使用した回と授業内容

回	月日	授業の内容
第2回	10月7日	埼玉県教育委員会、さいたま市教育委員会の行政資料から学校を取り巻く課題を取り出し、解決の優先順位をつける
第3回	10月14日	埼玉大学教育学部附属小学校研究協議会（研究授業、研究協議）参加
第4回	10月21日	「新型コロナ禍での学校教育の課題」について調べたことを各自発表
第5回	10月28日	「新型コロナ禍での学校教育の課題」についてグループで課題を整理
第6回	11月4日	「新型コロナ禍での学校教育の課題」のうち選択した課題について解決策を各自発表（学卒院生）
第7回	11月11日	「新型コロナ禍での学校教育の課題」のうち選択した課題について解決策を各自発表（現職院生）
第8回	11月18日	事例研究1　特別な支援を必要とする児童生徒の対応
第9回	11月25日	事例研究2　「通知表」の見直し
第14回	1月13日	事例研究3　学力とは何か
第15回	1月20日	これまでの授業を振り返り、最も重要と捉えた課題を選択し、今後どのように対応していくかを各自発表

用を考察する。そこで、「OPPシートを介しての学修者と授業者の双方向性」と「学修後の変容の自覚」について取り上げる（以下、4.では大学院生の学びについては「学修」とする）。

ここで扱う「学校課題改善演習」は教職大学院1～2年次の院生を対象とした授業である。新型コロナ禍の2020年9月から翌年1月まで15回実施し、現職院生6名、学卒院生8名の14名が履修した。授業のねらいは、学校現場が抱える具体的な課題をテーマとし、各学校の実態や取り組み、全国の先進的取り組み等を参考に課題の解決策を考えることを通して、学卒院生は現実的・実践的な方策を学修し、現職院生は課題解決の資質能力を高めるという授業である。

授業実施にあたって、当時の大きな課題であった「新型コロナ禍の学校教育」を中心課題とし、新型コロナ禍の学校を取り巻く課題を整理して教員の立場で改善方策を立案させ、学校課

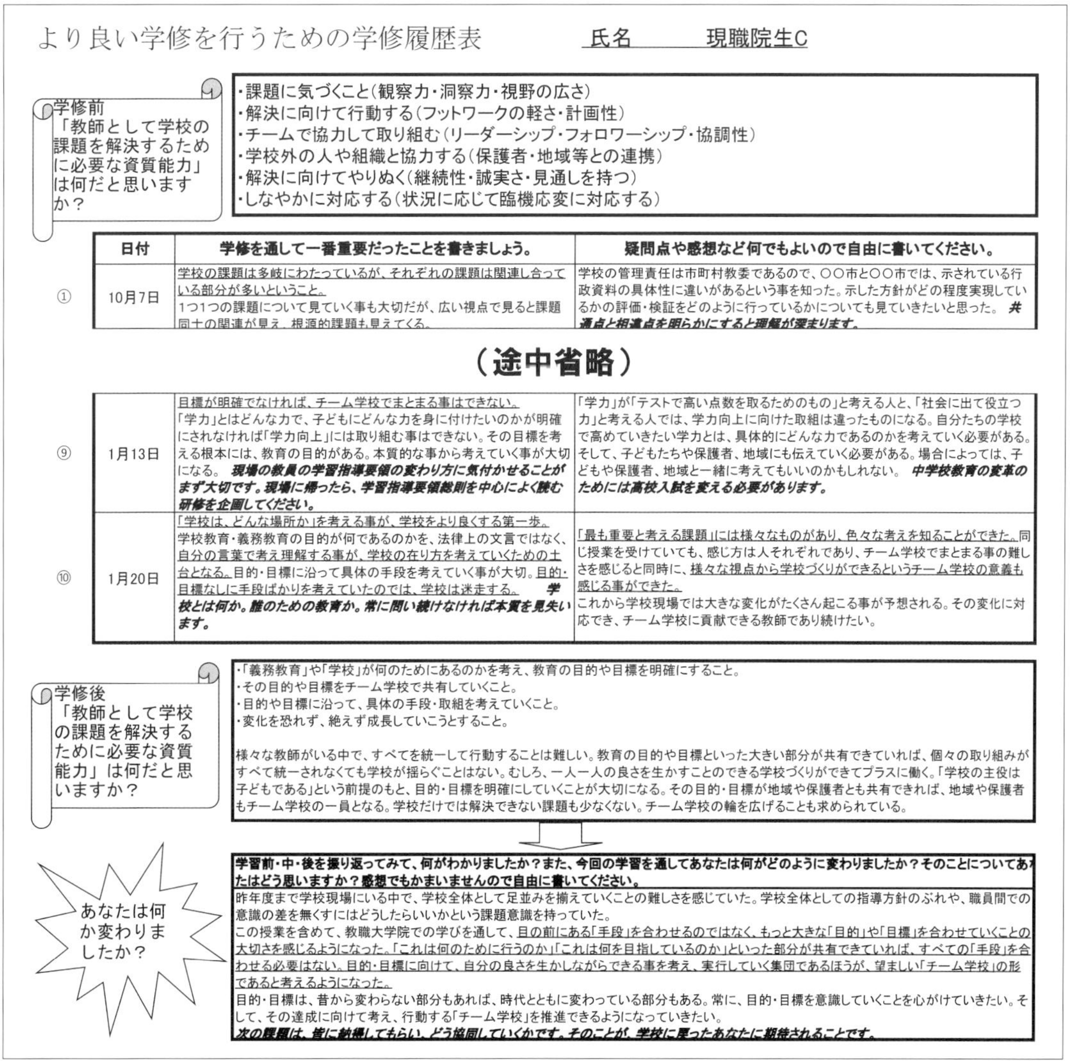

より良い学修を行うための学修履歴表　　氏名　現職院生C

学修前
「教師として学校の課題を解決するために必要な資質能力」は何だと思いますか？

・課題に気づくこと（観察力・洞察力・視野の広さ）
・解決に向けて行動する（フットワークの軽さ・計画性）
・チームで協力して取り組む（リーダーシップ・フォロワーシップ・協調性）
・学校外の人や組織と協力する（保護者・地域等との連携）
・解決に向けてやりぬく（継続性・誠実さ・見通しを持つ）
・しなやかに対応する（状況に応じて臨機応変に対応する）

	日付	学修を通して一番重要だったことを書きましょう。	疑問点や感想など何でもよいので自由に書いてください。
①	10月7日	学校の課題は多岐にわたっているが、それぞれの課題は関連し合っている部分が多いということ。 1つ1つの課題について見ていく事も大切だが、広い視点で見ると課題同士の関連が見え、根源的課題も見えてくる。	学校の管理責任は市町村教委であるので、〇〇市と〇〇市では、示されている行政資料の具体性に違いがあるという事を知った。示した方針がどの程度実現しているかの評価・検証をどのように行っているかについても見ていきたいと思った。 ***共通点と相違点を明らかにすると理解が深まります。***

（途中省略）

⑨	1月13日	目標が明確でなければ、チーム学校でまとまる事はできない。 「学力」とはどんな力で、子どもにどんな力を身に付けたいのかが明確にされなければ「学力向上」には取り組む事はできない。その目標を考える根本には、教育の目的がある。本質的な事から考えていく事が大切になる。 ***現場の教員の学習指導要領の変わり方に気付かせることがまず大切です。現場に帰ったら、学習指導要領総則を中心によく読む研修を企画してください。***	「学力」が「テストで高い点数を取るためのもの」と考える人と、「社会に出て役立つ力」と考える人では、学力向上に向けた取組は違ったものになる。自分たちの学校で高めていきたい学力とは、具体的にどんな力であるのかを考えていく必要がある。そして、子どもたちや保護者、地域にも伝えていく必要がある。場合によっては、子どもや保護者、地域と一緒に考えてもいいのかもしれない。 ***中学校教育の変革のためには高校入試を変える必要があります。***
⑩	1月20日	「学校は、どんな場所か」を考える事が、学校をより良くする第一歩。 学校教育・義務教育の目的が何であるのかを、法律上の文言ではなく、自分の言葉で考え理解する事が、学校の在り方を考えていくための土台となる。目的・目標に沿って具体の手段を考えていく事が大切。目的・目標なしに手段ばかりを考えていたのでは、学校は迷走する。 ***学校とは何か。誰のための教育か。常に問い続けなければ本質を見失います。***	「最も重要と考える課題」には様々なものがあり、色々な考えを知ることができた。同じ授業を受けていても、感じ方は人それぞれであり、チーム学校でまとまる事の難しさを感じると同時に、様々な視点から学校づくりができるというチーム学校の意義も感じる事ができた。 これから学校現場では大きな変化がたくさん起こる事が予想される。その変化に対応でき、チーム学校に貢献できる教師であり続けたい。

学修後
「教師として学校の課題を解決するために必要な資質能力」は何だと思いますか？

・「義務教育」や「学校」が何のためにあるのかを考え、教育の目的や目標を明確にすること。
・その目的や目標をチーム学校で共有していくこと。
・目的や目標に沿って、具体の手段・取組を考えていくこと。
・変化を恐れず、絶えず成長していこうとすること。

様々な教師がいる中で、すべてを統一して行動することは難しい。教育の目的や目標といった大きい部分が共有できていれば、個々の取り組みがすべて統一されなくても学校が揺らぐことはない。むしろ、一人一人の良さを生かすことのできる学校づくりができてプラスに働く。「学校の主役は子どもである」という前提のもと、目的・目標を明確にしていくことが大切になる。その目的・目標が地域や保護者とも共有できれば、地域や保護者もチーム学校の一員となる。学校だけでは解決できない課題も少なくない。チーム学校の輪を広げることも求められている。

あなたは何か変わりましたか？

学習前・中・後を振り返ってみて、何がわかりましたか？また、今回の学習を通してあなたは何がどのように変わりましたか？そのことについてあなたはどう思いますか？感想でもかまいませんので自由に書いてください。

昨年度まで学校現場にいる中で、学校全体として足並みを揃えていくことの難しさを感じていた。学校全体としての指導方針のぶれや、職員間での意識の差を無くすにはどうしたらいいかという課題意識を持っていた。
この授業を含めて、教職大学院での学びを通して、目の前にある「手段」を合わせるのではなく、もっと大きな「目的」や「目標」を合わせていくことの大切さを感じるようになった。「これは何のために行うのか」「これは何を目指しているのか」といった部分が共有できていれば、すべての「手段」を合わせる必要はない。目的・目標に向けて、自分の良さを生かしながらできる事を考え、実行していく集団であるほうが、望ましい「チーム学校」の形であると考えるようになった。
目的・目標は、昔から変わらない部分もあれば、時代とともに変わっている部分もある。常に、目的・目標を意識していくことを心がけていきたい。そして、その達成に向けて考え、行動する「チーム学校」を推進できるようになっていきたい。
次の課題は、皆に納得してもらい、どう協同していくかです。そのことが、学校に戻ったあなたに期待されることです。

図1「学校課題改善演習」の現職院生のOPPシート例

題解決のための資質能力の育成を図った。

授業は、筆者を含め2名の教員で担当した。OPPシートを使用した10回の授業とその内容は、表1の通りである。第1回は、2名の教員による共同のガイダンス、第10回から第13回はもう一人の教員が担当した。

OPPシートの「本質的な問い」は「『学校の課題を解決するために教師に必要な資質能力』は何だと思いますか?」とした。この授業のねらいは「演習を通して学校課題を改善、さらに解決するための資質能力の育成」である。院生にとって、現在、学校を取り巻く課題一つ一つを知ることも大切であるが、学修にあたって、事象を知ることだけに捉われず、自らが関わる学校の課題を見いだし、その原因を探り、解決を図るために自らが備えるべき普遍的な資質能力は何か、常に問い続けるために、このような学修前・学修後の「本質的な問い」を設定した。

授業者は授業計画に基づき、院生に課題を提示し、その課題に対して院生が下調べを行った上で、発表や小グループでの話し合いを行うという形をとりながら学修を進めた。14人の院生を1グループ4～5人の3グループに編制し、各グループには現職院生2人を入れた。グループでの話し合いの際は、学卒院生が委縮することなく、柔軟な発想を生かした意見が出せるよ

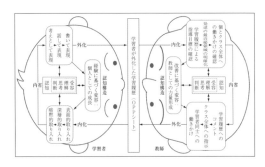

図2 学習者と教師の認知構造における内化・内省・外化

う、学卒院生が先に発表を行うルールとした。また、現職院生は一院生として自らの意見を述べるとともに、学卒院生の意欲を高めるように心がけ、教職大学院修了後ミドルリーダーとしての役割を果たせるようにした。このようなルールのもと話し合いを行い、グループとしての課題に対する解決策を練り上げ、各グループの解決策を全員で共有した。

なお、この授業は、新型コロナウイルス感染防止のため、全てビデオ会議システムを用いてオンラインで実施した。また、OPPシートは、Microsoft Excelの電子ファイルに書き込む形とし、電子ファイルをメールに添付して院生と授業者の間でやりとりをした。ここで、現職院生が作成したOPPシートを図1として示す。下線は授業者が院生の記述の中で注目した部分で、斜体字は、授業者のコメントである。

(2) OPPシートを介しての学修者と授業者の双方向性

図2は、学習者と教師の認知構造における思考や認知過程の内化・内省・外化を示しているが、堀(2019)によれば、OPPシートを通した学習者と教師の双方向性を具体的に示すとともに、学習者が学習履歴に外化した内容を教師自身も活用できる状態を示すとしている。

この授業においても、OPPシートの学修履歴へのコメントともに学修履歴にある記述を要約、分類し、「学修を振り返って(OPPシートから)」と題したスライド(図3～6)を作成し、毎回の授業の初めに提示し、前回の授業で学修したことの概要を全員で共有した。

授業において、学修履歴欄を整理したスライドを提示することは、授業者が院生の学修履歴を一つ一つ受け止めていることを示すとともに、院生の学修履歴をもとにした思考や認知過程の

内化・内省・外化を行いスライドという形で可視化し院生に提示することであり、授業者の指導履歴の外化でもある。

ここでは、新型コロナ禍を扱った第4回から第7回までの授業において、OPPシートを通した学修者と教師の双方向性と高次の資質能力である「メタ認知」の育成について考察する。

第4回は、「新型コロナウイルス感染防止と学校教育」というテーマで院生各自が事前に調べた内容について発表を行った。学卒院生は学校における実習での学修、現職院生は勤務校や近隣校の状況について集めた情報をもとに全員が発表を行った。OPPシートの「一番重要だったこと」から、新型コロナ禍の学校現場の状況や、そこでの教員の行動についての発表であったが、院生が一番重要と考えたことは、在り方や姿勢、見方、考え方であることが見取れた。

第4回の学修を振り返って（OPPシートから）
・新型コロナ禍により学校の役割がはっきりしたこと
・新しいスタイル見つけて対応していくこと
・精査しないで有意義な行事が削減されていること
・この状況下で新たにチャレンジすることの重要さ
・学校内での対応の差がないようにすること
・多くの判断が学校に委ねられていることへ疑問
・教員同士が共通理解のもと連携していくこと
・違った視点、いろいろな視点で物事を捉えていること
・課題を分類し優先順位をつけること
・自分たちにできることを考えること
・他の履修生のアイデアと実行力のすばらしさ

図3 第4回の振り返りのスライド

第5回は第4回の発表を受け、各院生から提案された新型コロナ禍の学校における課題を小グループに分かれて整理し、課題解決につなげる学修を行った。第5回は、学校を巡る課題が複雑で山積している中で課題整理のための思考ツールが必要と考えたこと、これまで意識できなかった課題や「学校とは」「なぜ学ぶのか」といった本質を問うまでに至ったことが見取れた。

第5回の学修を振り返って（OPPシートから）
・課題の整理に思考ツールが必要　優先順位付け　要因が複雑
・本質的な問いに行きつく　「学校とは」「なぜ学ぶのか」
・児童生徒のためになっているか、大人の都合になっていないか
・教育活動の意義を問い直すこと
・新型コロナ禍を機に、新たな方法、別の方法で出来ないか考える
・授業時数ありきで詰め込み教育になっている
・子どもの心のケアの問題が置き去り
・教員が思考停止になっていないか、旧来のことにとらわれすぎていないか
・学校任せの多さ（各学校の判断で）（家庭での面倒見まで）

図4 第5回の振り返りのスライド

第6、7回は、学校や教員でもできる「新型コロナ禍での学校の課題解決のための提案」を一人ずつ発表した。第6回は学卒院生8人、第7回は現職院生6人が行った。

第6回の学修を振り返って（OPPシートから）
・教育の本質を考えること　不易と流行
・職員が一枚岩になる必要がある。学校全体で取り組むことが大切
・子どもの安全を守ることと学ぶ機会を確保すること
・改善は児童生徒の成長のため
・ICTは有効なツールであるが活用を目的にしてはいけないこと
・授業の改善が置いてきぼりになっていること
・固定観念にとらわれないこと
・広い視野をもつこと

図5 第6回の振り返りのスライド

第7回の学修を振り返って（OPPシートから）
・本質は何か考えること
・中心課題は何か考えること
・目的・目標の共有　・共有と協働
・課題解決に向けての対話　・参画の意識
・子ども自身もコロナ禍でどうすればよいか考えること
・学校現場は転換期にさしかかったこと
・人が置き去りになっていること
・ICTにできることできないことを見極めること
・やれることはやってみること

図6 第7回の振り返りのスライド

一番重要と考えたことに、「学校全体で取り組むこと」「目的・目標の共有、参画の意識」があげられた。また、GIGAスクール構想の進捗により、「ICTは手段であって目的ではないこと」の指摘が繰り返しあげられた。

これら4回の学修履歴をまとめると、大きく次の3点にまとめられる。

①物事に臨むにあたって、「なぜ学ぶのか」「学校とは何か」などの「本質的な問い」に行き着くこと。さらに、「本質的な問い」に基づいて教育活動の意義を問い直すこと。そして、子どもたちのためであること。

②教育現場は転換点に差し掛かっていること、固定観念にとらわれず、広い視野をもち、新たな方法、別の方法でできないか考えること。

③目的・目標を共有し、学校全体で取り組むことが大切であること。そのために、課題解決に向けての対話をもち、参画の意識を高めること。

新型コロナ禍における学校教育の課題の解決のための明確な答えはない。本授業と同時期、OPPA論開発者の堀 哲夫氏は、新型コロナ禍の学校教育に関して、図7のように指摘した。

コロナ禍と関わって
―常識の否定から考えると本質が見える?―

●教育とは何か等を考えるよい機会
　教育とは何か、学校とは何か、教師とは何か、学ぶとは何か、学力とは何か、評価とは何か等々

●コロナ禍を学習者の成長に生かす
　道徳の導入時に、「評価とは何か」を考えてみたら、当たり前に考えてきた教科中心の評価観等の再考につながったから

●固定観念に捕らわれすぎ?

図7 堀氏のスライド「理科の学習指導の改善に生かす評価―OPPAを中心に―」から（日本カリキュラム学会秋のセミナー2020、2020年11月8日オンライン開催）

この授業は、授業者による院生への「学校の課題」に関わる学修課題の投げかけ、必要に応

じての補足説明、OPPシートへのコメント記入によるフィードバック、振り返りのスライドの提示だけで、ほぼ自律的に学修が進んでいった。

院生は概念の形成過程を自己評価しながら学修を進めていったことから、まさに、主体的な学びとなったことが見取れる。

また、教師に必要な資質能力を「物事を改善・修正していこうとする広い視野や柔軟性、挑戦の意欲」、「自らを振り返ること、成長の努力」とするなど、ガイドラインの基本的考え方に示されている「さらに伸ばしていきたい分野・領域や新たに能力開発をしたい分野・領域」を見いだしていると考える。

■ (3) 学修後の変容の自覚

院生の学修の変容は、学修前・学修後の「本質的な問い」に対する記述、学修履歴欄の記述を踏まえた学修後の自己評価の結果として記述され可視化される。

学修後の自己評価の記述は、表現は多様であるが整理すると、求める資質能力につながる次の項目について多くあがった。（数は延べ人数、履修者数14人）

●教育とは、学校とは何かなどの本質を常に問うこと ……………………………… 9

●構成員が十分な話し合いなどにより共通の目的や目標をもてるようにすること ………11

●物事を改善や修正していこうとする広い視野や柔軟性、挑戦の意欲 …………………… 6

●自らを振り返ること、成長の努力 ……… 7

また、履修した院生14名中の13名が学修を通して、何がどう変わったか記述している。これまでの教育観を見直し、新たな教育観を見いだしていることがうかがえる。同時に、捉え直

した自分から成長を感得していることもうかがえる。学修後の自己評価欄の記述の一部を下に示す。

> 私自身、今までの教職経験を振り返ると、ある程度授業も流れ、学級経営もある程度満足し、慣れの中で職務にあたっていたかもしれない。そして、子供の本当の姿を捉えることができていないのではないかと振り返る。言葉で言うのは簡単ですが、「子供に寄り添える」教師を目指していきたい。
> （現職院生Bさん）

> 「これは何のために行うのか」「これは何を目指しているのか」といった部分が共有できていれば、すべての「手段」を合わせる必要はない。目的・目標に向けて、自分の良さを生かしながらできる事を考え、実行していく集団であるほうが、望ましい「チーム学校」の形であると考えるようになった。
> （現職院生Cさん）

> 学力調査の自校の平均点をあげなければならない、出来が他校より悪い、といった子どもたちをまとめ上げた点でしか見ていなかった今までの自分を反省します。今後、「本質的な問い」を常に自問自答し、同僚間でも問い直しながら、一人一人がどう伸びていくか、どう考えるかなど、子どもたちを主語におき、教育活動に取り組みたいと思います。
> （現職院生Dさん）

回を重ねるごとに、教員一人が解決できる課題の容量が少ないことに気づいていった。（中略）ICTに限らず、生徒指導や部活動、特活と教職員個々に持っている得意分野がある一方で、不得意分野があるのも事実。だからこそ、個々の既存のスキルを共有しながら課題解決に向けて取り組んでいく必要があるだろうと思う。
（現職院生Eさん）

> 教師が良い授業をするためにはどうすれば良いかではなく、子どもたちが資質・能力を育むためにどのような授業が必要であるかというように意識していくことが大切だと考えました。
> （学卒院生Fさん）

> 今まで専門の教科教育の視点が先行しており，凝り固まった考え方をしていたなと認知することができました。たくさんの人の思い，考え方に触れていくなかで，変化していく自分を見つけることができたのが，この授業の収穫の一つであり，OPPシートの効果を体験しました。（中略）授業を通して何が分かったか，自分が変化したかが分かる，これが学びであると思います。（学卒院生Gさん）

これらの記述は、OPPシートが、ガイドラインの基本的考え方で触れられている「学びの成果を振り返ったり、自らの成長実感を得たりすること」を一層可能にしていることを示している。

■（4）OPPA論の「新たな教師の学び」への活用

OPPA論を活用した教職大学院での実践例から、ガイドラインの基本的考え方に示された「成果の振り返り、自らの成長実感の感得」「自らの学びの客観視」「伸ばしていきたい分野・領域や新たに能力開発をしたい分野・領域の発見」「主体的・自律的な目標設定やこれに基づくキャリア形成へのつながり」が得られることが見取れたことから、OPPA論を「研修履歴を活用した対話に基づく受講奨励」に活用することが期待できる。

また、院生が学修を通して得た「教育とは何か、学校とは何かなどの本質を常に問うこと」「構成員が十分な話し合いなどにより共通の目的や目標をもてるようにすること」「物事を改善や修正していこうとする広い視野や柔軟性、挑戦の意欲をもつこと」「自らを振り返り、成長の努力をすること」は、まさに「新たな教師の学びの姿」で求められている資質能力であると考える。

5.「新たな教師の学びの姿」におけるOPPA論の具体的活用

■（1）研修履歴を活用した対話に基づく受講奨励とOPPA論

「新たな教師の学びの姿」の実現の大きな柱の一つは「研修履歴を活用した対話に基づく受講奨励」である。研修に特化した校長と教員の対話、および研修履歴の記録と対話への使用という取り組みであるが、次のような課題が予想される。

- 校長と教員の対話で重要な位置を占める個別面談の時間の確保が難しく十分に面談ができない。形式的な対話で終わる。

- 人事面談の中で受講奨励が行われるため教員が研修と人事評価を結び付けてしまう。
- 校長が研修に対する教員の思いや考えを十分に把握できない。
- 教員が研修で学ぶ意義や必然性を感得できない。
- 教員の研修履歴の記録がおざなりになる。

そこで、先に示した図2の学習者と教師の思考や認知過程の内化・内省・外化における双方向性に着目した。「学習者」を「教員」、「教師」を「校長」、「学習者が外化した学習履歴（OPPシート）」を「研修履歴の記録」として生かせば、教員は自らの「研修履歴の記録」をもとにして自覚や省察を行い、校長は「研修履歴の記録」をもとに教員の学びの実相を理解し、受講奨励に生かすことができる。さらに、校長も教員への指導助言や人材育成について自己評価し、その手立ての改善をすることができる。

また、OPPシートの「学習履歴」は「一番重要と考えたこと」「疑問点・感想」という必要最小限の情報であるから、教員の負担も軽く、記録がおざなりになることが避けられる。このようにして、「研修履歴を活用した対話に基づく受講奨励」は十分に機能し、「新たな教師の学びの姿」である教師の主体的な学びが実現するのではないかと考えた。

「対話による受講奨励」で用いる研修履歴の記録については、令和6年4月から公式には「研修履歴記録システム」として稼働しているが、本稿執筆時点では、システムの研修履歴の記録は「対話による受講奨励」に使用されていないと聞く。

記載する内容について、文部科学省から示されていたのは、「研修名、研修内容、主催者、受講年度、時期・時間、教員育成指標との関係、振り返りや気づきの内容、研修レポート等の成

果物などから、研修の性質に応じて必須記録事項と記録が望ましい事項」である。記録の方法は「システムへの入力」であり、研修履歴の記録の作成そのものが目的になりかねない。

そこで、公式の研修履歴の記録との併用になるが、実際の校長との対話や教員自身の振り返り、自己評価、さらに公式の研修履歴の記録の元帳として学校独自のOPPA論に基づいた研修履歴表を用いることにより「対話による受講奨励」が実のある取り組みとなると考えた。

(2)OPPA論を活用した研修履歴表

OPPA論では、OPPシートと呼ばれる一枚の用紙を用いる。OPPシートは、「学習前・後の本質的な問い」「学習履歴」「学習後の自己評価」からなる。研修履歴表として教員の使用を想定し言葉を置き換えて述べるが、ここからは、一回一回の研修（研修会）での教員の学びを「**学修**」とする。

研修履歴表としてのOPPシート（ここでは「よりよい研修を行うための研修履歴表」とする）には、図8の①〜③で示す三つの「問い」を設定する。

①の「本質的な問い」は、教員にどうしても実現してほしい内容を問いとして設定する。図9のモデルでは「対話による受講奨励」は1年をサイクルとしているので、「本質的な問い」に年度初めと年度末で答える。「本質的な問い」は年度初めと年度末で全く同じものとし、教員が両方の記述を比較することにより、何がどう変わったのか、それに対して自分はどう思うのかなどの自己評価が行えるようにしている。

ここでは、年間を通して自らの資質能力の実相を認識させ、専門的力量を高めることをねらいとし、「教師に必要な資質能力は何ですか」としたが、教員自身が伸長したい資質能力や校務分掌、役割を踏まえ、例えば「生徒指導とは何ですか」「研修とは何ですか」「授業とは何ですか」などとすることも考えられる。さらに、「教育とは何か」「学校とは何か」「教師とは何か」などがあげられるだろう。

「本質的な問い」は教育の本質に関わるものとして、年間の学修の柱とする。

②の「学修履歴」は、一回一回の研修（研修会）での学修について「一番重要だと考えたこと」「感想・疑問点」を「問い」としている。「一番重要だと考えたこと」を書かせるのは、学修後の教員の頭の中に何が残されているか、適切な振り返りが行われているかを知るためである

③の「年間の学修の自己評価」は、年度初め、年度末の「本質的な問い」に対する答えの比較だけでなく、学修履歴まで含めた全体を自己評価させる。自分の何がどう変わったか、それに対する自分の学修の意味付けなど自分の考えたこと、表現したことについての思考を促す。

なお、児童生徒、学生院生が記述したOPPシートは成績評価に用いないことを原則としている。これは、学習者が授業者に対して忖度し、本音を記述しなくなることによって自己評価できなくなることを防ぐためである。この原則は研修履歴表にも適用し、人事評価等の研修以外の目的に用いないことを明らかにする必要がある。

図8 研修履歴表としてのOPPシート

(3)研修履歴表の記入・整理と活用の校内研修への位置付け

　教員のOPPシートへの記入であるが、自己評価とその記入のための時間を確保することが望ましい。「記入しておいてください」では、片手間となり、十分な自己評価や文章化がなされない恐れがある。

　また、各教員の学修の自己評価をもとにした意見交換、学修の成果の学び合いの場を設けることが望ましい。特にこの場面では、教員の学修そのものだけでなく、学修が日々の教育実践とどう関わっているかにも着目し、子どもたちにどのように還元されているか検討するようにする。

　そのためには、これらを年間の研修計画に位置付けて必要な時間をあらかじめ確保する。例えば、まず年度初めの「本質的な問い」についての記述のために「研修目標設定の時間」を設ける。

　学修履歴は各研修（研修会）内で記述するが、「学修履歴記入・整理、自己評価のための時間」を設け、履歴の整理を通して十分な自己評価が行えるようにする。さらに、年度末の「本質的な問い」についての記述、自己評価とその文章化のために「総括のための時間」を設ける。このように校内研修に位置付け、時間を確保しOPPシートを完成させ、次年度の研修目標の設定につなげる（図9）。

　校内研修と言えば、これまでは授業研究会、外部講師による講演など受講者にとっては受け身の研修が多かったが、対話型・ワークショップ型の研修が望まれるなど、研修に対する教員の意識も変化してきている。OPPシートを活用した研修履歴表の使用、研修成果の共有・学び合いは、教師のもつ研修観の転換のみならず、理論と実践の往還に大きく寄与すると考える。

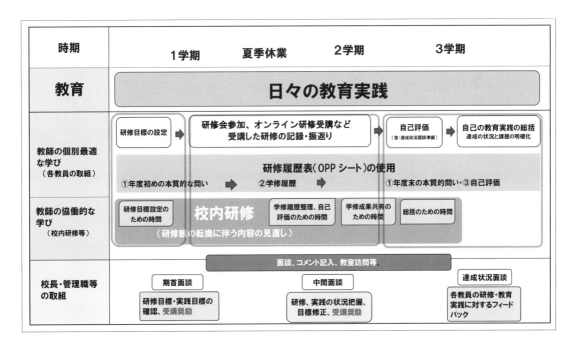

図9 研修履歴表と研修、受講奨励との関連

研修履歴表としてのOPPシートのねらいは、教師の自己評価によりメタ認知の能力を高め、学修を自己調整していくものであるが、思考や認知過程の内化・内省・外化における双方向性をもたせるため、単に対話に用いるだけでなく計画的に校長が目を通し簡単なコメントを入れたり、よい取り組みなどを全体に紹介したりすることも必要である。

しかし、それだけでなく校長自身も思考や認知過程の内化・内省・外化を通して、自らの教員育成の資質能力や校長としての在り方を振り返り、改善の努力を続けなければ、対話による受講奨励は機能しないと考える。

6.おわりに

「新たな教師の学びの姿」というこれからの教員研修の在り方が示されたが、子どもたちの「個別最適な学び」「協働的な学び」への関心の陰で、「教師の個別最適な学び」「教師の協働的な学び」への教師自身の関心は薄いように思われる。さらに、教師の学びを支える大きな柱の一つである「研修履歴を活用した対話による受講奨励」の仕組みは、校長・管理職、教員とも多忙の中で、何の工夫もなく行われれば、形骸化し何の成果も得られず、旧態依然とした教員研修が続いていくことが予想される。

しかし、対話のための面談という「点」の取り組みだけでなくOPPA論という連続した「線」の取り組みをここに加えれば、思考や認知過程の内化・内省・外化における双方向性によって、対話による受講奨励は意味のある取り組みになる。

子どもたちに学びを通して育成したい資質・能力の究極はメタ認知の能力である。教師の学びの姿も子どもたちの学びの相似形であるなら

ば、教師が身に付けるべきは、子ども以上のメタ認知の能力である。思考や認知過程の内化・内省・外化における双方向性を通して、教師に高度な資質能力であるメタ認知の能力が育成され、教師の主体的な学びが実現する。

まず、教師が研修履歴表という名のOPPシートに学修の記録を残し自己評価をすることによって、成長を感得するとともに新たな自己の学びの目標を見いだし、教育観の転換が図られていくのではないだろうか。

同時に教師がOPPA論の有用性を広く理解し、子どもたちの学びにOPPA論を導入し、彼らの資質・能力を高めることにつなげてほしいと考える。

引用文献
堀 哲夫（2009）「学習履歴を中心にした大学の授業改善に関する研究—OPPAを中心にして—」『山梨大学人間科学部附属教育実践総合センター研究紀要　教育実践研究』No.14,pp.64-71

参考文献
中央教育審議会「令和の日本型学校教育」を担う教師の在り方特別部会（2021）『令和の日本型学校教育』を担う新たな教師の学びの姿の実現に向けて　審議まとめ」
文部科学省（2022）「研修履歴を活用した対話に基づく受講奨励に関するガイドライン」
中央教育審議会（2022）「『令和の日本型学校教育』を担う教師の養成・採用・研修等の在り方について 〜「新たな教師の学びの姿」の実現と、多様な専門性を有する質の高い教職員集団の形成〜（答申）」
鶴ヶ谷柊子・中島雅子（2019）「教員養成課程の自然科学系講義におけるOPPA論を活用した授業改善」『埼玉大学紀要（教育学部）』Vol.68
堀 哲夫ほか（2013）「学習履歴を中心にしたOPPAによる実践的力量形成—山梨大学教職大学院の事例—」『山梨大学教育学部附属教育実践総合センター研究紀要　教育実践学研究』No.18
榎本充孝（2022）「9　教育とは何だろうか」堀 哲夫監修・中島雅子編著『一枚ポートフォリオ評価論OPPAでつくる授業』東洋館出版社

4 いま注目の非認知能力とは
―OPPA論の可能性―

1. はじめに

　私たちが生きる現代は、高度情報化社会へのスピードが増す中、社会や個人の価値観の多様化が拡がり、常識を覆す想定外の事象が発生するなど、いわゆるVUCA（VUCA：Volatility、Uncertainty、Complexity、Ambiguityの四つの単語の頭文字をとった言葉）の時代と呼ばれている。そのような社会や経済の変化を受け、2017年3月に告示された学習指導要領では、学校活動で育成すべき資質・能力の柱の一つに、「学びに向かう力、人間性等」を据えたことにより、従来の数値で測りやすい知識やその活用である「認知能力」以外の幅広い能力概念を表す「非認知能力」への注目が高まっている。

　一方、学校現場においては、これまでの学習成果として成績処理を中心とした総括的評価への依存から、先に触れた観点に対する形成的評価へのバランスも求められるようになりつつある。

　しかしながら、多忙な教員の中には、学習者の学習活動から、どのように非認知能力を見取ればよいのか、不安に感じる場面も少なくない。また、コロナ禍で急速に普及した教育現場における授業のデジタル化の観点では、GIGAスクール構想が前倒しで進められるのとあわせて、Edtechサービスの普及が進み、教員や学習者を取り巻く学習環境に大きな変化が起きている。その変化の先にある学びの個別最適化の流れに、学校現場の対応が求められている状況にあると言える。

(1) 共同研究へと進む

　こうした中、みずほリサーチ＆テクノロジーズの新居、指田、初治、関山らの研究チーム（当時）は、埼玉大学教育学部の中島雅子准教授らと共に、OPPシートを活用した非認知能力の推定・分析に関する研究（以下、「本研究」）に取り組んだ（2022年度）。OPPシートは、堀哲夫山梨大学名誉教授が開発し、学校現場で長く実践されている診断的評価から形成的評価、さらに総括的評価までをカバーしたツールである。そのOPPシート上には、どのような非認知能力が表れるのかを明らかにすることを研究目的とした。加えて、学習活動におけるデジタル化をキーワードに、OPPシートのデジタル活用の可能性を探り、学校現場、あるいはそれにとどまらない場面に有効な新たな学習サービスの創出のきっかけとなることを目指したものである。なお、本節では主たる目的である「非認知能力」について触れることとする。

(2) 本研究の意義

　非認知能力の可視化では、主に心理学の観点からパーソナリティ特性の分類方法として「ビッグ5性格特性」といった質問紙による診断が用いられることがある。しかしながら、質問紙による診断を頻繁に実施することが難しい点や回答者のバイアスがかかりやすいなど、必ずしも日常的な学習者の実態を表すとは限らない点に留意が必要である。その点から、授業で日常的に使われるOPPシートに記載された学習者

の記述そのものから非認知能力を読み取るという試みは、本研究の意義の一つとなる。

また本研究では、非認知能力の可視化やデジタル化の可能性を考察するにあたり、日常的にOPPシートを授業の中で実践している授業実施者やOPPシートを専門的に研究する者の視点に、民間シンクタンクに所属する社会人の視点を加えることで、OPPシートが学校現場での活用にとどまらない専門的、汎用的な価値をもつ可能性を探ることもねらいとしている。

とりわけ、デジタルイノベーションにより業界のディスラプション（創造的破壊）が起きつつある総合金融グループの企業とのコラボレーションにより、将来的に社会で活躍することになる学習者に期待される資質・能力の観点から、OPPシートの価値を捉え直すことができる点も本研究の意義である。

2. 読み進めるにあたっての基礎情報

(1) 本研究で使用したOPPシート

今回、本研究で用いたOPPシートは、図1の通りである。なお、OPPA論やOPPシートに関する概要および詳細は他稿を参照されたい。

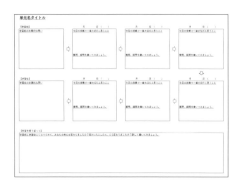

図1 OPPシート

(2) OPPシートの活用事例

本研究ではOPPシートのもつ可能性を把握すべく、実際の授業で導入している複数の現役教師にインタビューを行った。インタビューでは、OPPシートを導入するに至った背景、学習者の記述から何を読み取っているのか、OPPシートの導入効果に加え、OPPシートをデジタルで活用した場合の期待と懸念について伺った。以下に、2名のインタビュー結果を紹介する。

事例1） 公立小学校教師A
【OPPシートとの出会い】

インタビューでは、日々の授業が教師から生徒への一方向な展開であること、かつドリルを使った「量産型」授業に迷っていた中で、OPPシートと出会った経緯について語られた。

OPPシートは、教師が児童一人一人の進捗や理解度を確認し、個別に対応できるツールであり、教師はこれによって自身の授業スタイルを変えることができた。現在は、一つの教科だけでなく、複数の教科で利用している。OPPシートを使うことで、児童らの理解度や進捗を把握しやすくなり、それらに応じた指導ができるようになったとも述べている。

【児童の記述の何に着目しているか】

まず、教師の意図が児童にどの程度伝わったのか、児童がどのように理解したのかという点に着目している。また、学習内容にとどまらず、児童がどのように前向きに取り組んでいるか、学ぶことの楽しさや型にはまらない振り返りについても着目している。

加えて、学校で学ぶ意義、教師から教わることのみならず、自身とは異なるクラスメイトの

考えや関わり、共感についても注意深く観察している、と述べている。

【導入効果】

　OPPシートを使うことで、教師は児童に伝えたい意図が本当に伝わったかどうかを把握することができたため、授業が楽しくなり、教師のやりがいにもつながっている。また、本質的な問いについて考える際には、目的を見据えて軸を定めるため、たとえ授業の進め方に振れ幅があっても軌道修正ができる、と述べている。

　さらに、OPPシートを使うことで、児童の理解の実態に合わせた授業を展開することができると言う。児童の記述を見ることは、アルバムを開くようにワクワクする経験であり、教師が普段の児童の様子を手に取るように掴むことができるため、通知表の所見を効率よく書くことができる。

　また、OPPシートは学習指導案の代用としても活用しており、業務効率化にも寄与している。副次的な効果として、OPPシートを活用して保護者向けの学級通信を作成することも可能である、とも語っている。

【OPPシートのデジタル活用への期待や懸念】

　キーボードを用いたタイピングのメリットとして、予測変換の活用など、手書きに自信のない児童にとってはデジタル化の効果があると期待を寄せている。またデジタル化によって、シートの大きさにとらわれることなく自由に設定したり、シートを配る、回収する、探すなども効率的に行えるのではないか、と述べている。

　一方で、児童の記述の見取り方については、言語化されておらず無意識に行っていることから、現時点ではデジタル化に対応した見取りが難しいかもしれない、という懸念も語られた。

事例2）国立中学校教師B

【OPPシートとの出会い】

　OPPシートに出会う前までは、様々な生徒の反応を想像し学習指導案を作成していたが、実際に授業をしてみると想定外の反応や出来事が頻発し、授業は変容するもので予測不可能という前提に気付いた。このような状況の中、中島先生と出会い、OPPシートを知った。OPPシートを使うことで、実際の授業で起こっている事実を可視化、観察し、次の授業に生かすという好循環のサイクルが出来上がった、と述べている。

【生徒の記述の何に着目しているか】

　まず、学ぶことの本質を生徒自身がどのように理解しているか、そしてそれがどのように変化しているかに注目している。

　また、生徒自身が自己の振り返りに対して、どのように認識しているかという点にも着目している。生徒らは自身の学び方や成長についての振り返りを行い、これまで当たり前と捉えて意識してこなかったことに気付いたり、諦めずに取り組むことの大切さを学んだりする様子を記述している。

　さらに、他人の考えとの違いや関わり、共感に触れた記述にも注目している。生徒らはクラスメイトや教師との交流や議論を通じて、異なる視点や考え方に触れたことにより、自身が変容する様子を記述することもある。

【導入効果】

　OPPシートは生徒の可能性を見いだす有効なツールであり、教師自身も生徒の学びの変容から多くの気付きを得ることができる。また、OPPシートから生徒の学習状況が把握でき、教師の授業改善にも役立つ。OPPシートを活

用することで生徒は自然体で学ぶことができ、教師との信頼関係が築かれる。その他、OPPシートは所見の代わりになり、生活記録の参考や保護者への情報提供にも活用できる、と述べている。

【OPPシートのデジタル活用への期待や懸念】

考えられるメリットとして、シートそのものの検索が容易になる、またシート内の情報検索や分析、項目追加も容易になる。加えて、紛失防止、毎回の授業前後の配付や回収の手間も削減できる。

一方デメリットとして、生徒が日々使っている端末の画面の大きさや解像度の低さが影響し、普段使うA3用紙と比べて一覧性が低下するという点があげられた。

■(3)非認知能力

先に触れたように、学習指導要領の改訂に伴い、非認知能力への関心が高まっている。この非認知能力の概念は幅広く、かつ一言では定義が難しいという点が特徴である。最初に非認知能力が注目を浴びるようになった背景に、教育経済学の研究者であるジェームズ・ヘックマン（James J.Heckman）が、2000年にノーベル経済学賞を受賞したことをきっかけに、その代表的な研究「ペリー就学前プロジェクト」(1962～1967年)が周知されたことがあげられる。この研究では、経済的余裕がなく幼児教育を受けることができない貧困世帯の3～4歳の子どもを対象に行われ、その後40年間、就学前教育プログラムを受けた子どもと受けなかった子どもの人生に変化が起きるのか追跡調査を行ったところ、就学前教育プログラムを受けた子どもは、受けなかった子どもに比べて将来の所得

の向上や生活保護受給率の低下等の効果が見られるという結果が示された。このように能力概念としての非認知能力に関し、教育心理学者である小塩真司教授の著書によれば、心理学などで実証された論文のメタ分析を通じて、15種類の心理特性から、①教育可能であり、②その教育は望ましい成果（学力や健康・幸福・社会

表1 非認知能力の例

非認知能力の 類型化例	概要
誠実性	課題にしっかりと 取り組むパーソナリティ
やり抜く力 （グリット）	困難な目標への 情熱と粘り強さ
自己制御・ 自己コントロール	目標の達成に向けて自 分を律する力
好奇心	新たな知識や経験を 探求する原動力
批判的思考	情報を適切に読み書き 活用する思考力
楽観性	将来をポジティブにみて 柔軟に対処する能力
時間的展望	過去・現在・未来を 関連付けて捉えるスキル
情動知能	情動を賢く活用する力
感情調整	感情にうまく対処する 能力
共感性	他者の気持ちを共有し、 理解する心理特性
自尊感情 （自己肯定感）	自分自身を価値ある 存在だと思う心
セルフ・ コンパッション	自分自身を受け入れて 優しい気持ちを向ける力
マインドフルネス	今ここに注意を向けて 受け入れる力
レジリエンス	逆境をしなやかに 生き延びる力
エゴ・レジリエンス	日常生活のストレスに 柔軟に対応する力

的活動）につながるものを総称概念として非認知能力をあげている。その15種類の心理特性は表1のように類型化できると述べている。

また、経済協力開発機構（OECD）では、非認知能力に近い概念として、「社会情動的スキル」を定義し、図2の通り、目標を達成しようとするスキル、他者と協働するスキル、情動を制御するスキルを具体的な資質・能力と位置付けている。

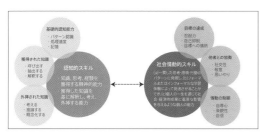

Fostering Social and Emotional Skills Through Families, Schools and Communities
© 2015 OECD

図2 OECD社会情動的スキル

これら以外にも、様々な組織から定義付けられ、例えば、文部科学省の「生きる力」や「基礎的汎用的能力」、内閣府の「人間力」、OECDの「キーコンピテンシー（OECD DeSeCo）」といった資質・能力として整理される場合も見られる。

OPPシートの特徴として、学習者がOPPシートを記入していく過程で、学習者が自らの思考についての思考であるメタ認知を働かせやすい構成をもっている点があげられる。実際、「（2）OPPシートの活用事例」において、授業実施者がOPPシートの学習者の記述から何に着目しているかについて触れたように、学習者のメタ認知の育成に関連していることがうかがえる。

このメタ認知能力も、非認知能力の一つとも

言われており、学校教育のみならず、社会人になってからも必要な能力と言える。先行き不透明で、将来予測が困難（VUCA）な時代においては、あらかじめ存在する正解を導き出す能力ではなく、自ら課題を発見し、その解決方法を考え抜く力がますます重要になってくる（経団連 Society 5.0時代を切り拓く人材の育成）。

これらより、学習者が記述したOPPシート上には、どのような非認知能力が表れているのかを、以降で読み取っていきたい。

3. OPPシートにおける非認知能力の表れ方に関する検証

(1)検証目的と対象

実際の授業で使用されたOPPシートには、学習者の非認知能力がどのように表れているかを検証するため、国立中学校1年生（当時）およびその保護者の同意を得て、分析を行った。対象とする教科は「理科」、単元は「音」とした。

なお、OPPシートの読み取りは、授業実施者でも学習者本人でもない、第三者の立場となるみずほリサーチ＆テクノロジーズの研究担当が行った。

(2)読み取り結果

今回の検証で、対象のOPPシートから読み取れた非認知能力は、以下の通りであった。

①好奇心

目にとまりやすく、最もよく観察された非認知能力でもある。図3のように「今後自分でも調べてみたい」と言語化され、観察できるもの

もあれば、図やイラストで興味や関心を表しているものなど、その様子は多岐にわたっていた。

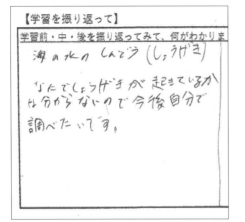

図3 好奇心の記述事例

②批判的思考

特に単元の後半や、学習後の振り返りなどの総括の場面でよく観察された。例えば、「今までの実験を通して、〜だと考えた」という事実思考の記述である。さらに、図4のように予測していない実験結果が得られた際、「その結果と、持っているデータから考えをだすこと」が大切だと記述した例などがある。

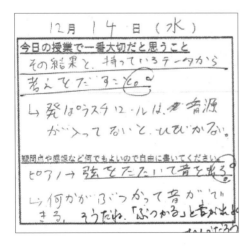

図4 批判的思考の記述事例

③共感性

学習後の「本質的な問い」への回答として、「みんなと共有することで、学びを深められた」など、他者とのつながりの中で自身が得られたことを記述する事例が確認された。

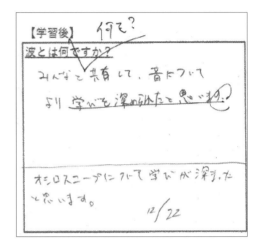

図5 共感性の記述事例

④自尊感情

学習後の総括・振り返りの際、「自身の成長を感じられた」「体験することで、私の場合は理解するのだと思う」などといった自分という存在を認識し、自身の価値を認めることができたと思われる記述が見られた。

図6 自尊感情の記述事例

⑤やり抜く力（グリット）

これも学習後の総括・振り返りで確認できる。「はじめは苦手だったが、実験を進めるうちに楽しめるようになった」など、学習前後での自身の変容を言語化したものや、言語化はできな

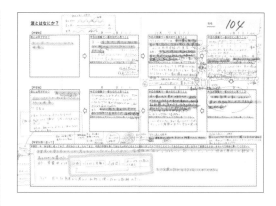

いが自身の変容の様子をイラストで表現したものなど様々であった。

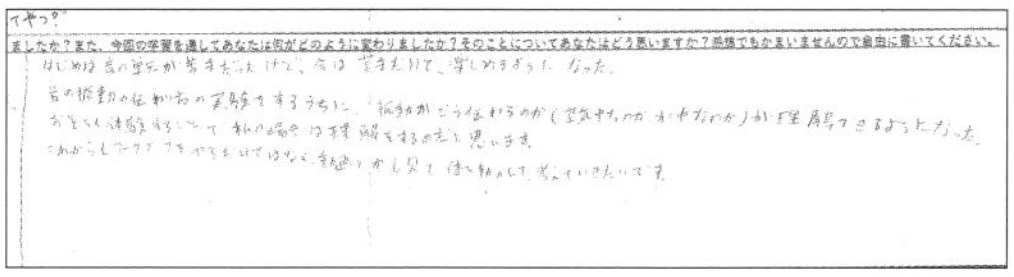

図7 やり抜く力の記述事例

⑥その他の非認知能力

　誠実性と時間的展望は、OPPシート自体がもつ特性上、自然と表れる非認知能力であると考えられる。OPPシートに対して記載・提出・考えを露わにする活動そのものが、課題にしっかりと取り組む行為であり、誠実性を満たしている。また、各授業の学習履歴を1枚にまとめるOPPシートの構造自体が過去・現在・未来を関連付けるつくりになっており、自然と時間的展望が表れやすい仕組みとなっている。

　その他の非認知能力については、今回は読み取ることができなかったが、これはOPPシートへの記載前に学習者が内的に調整を終えており、記載内容として外化されにくいことも考えられ、さらなる検証が必要である。

⑦メタ認知能力

　メタ認知能力には数多くの定義が存在し、一義的に定めることは難しい。本研究では、堀哲夫名誉教授が述べている「認知の知識・理解」と「認知の調整」という二つの要素から構成されるという考え方に基づき、読み取りを行った。

　結果、「認知の知識・理解」は「学習履歴」欄に、「認知の調整」は「学習後の本質的な問い」や「総括・振り返り」欄に表れる傾向にあった（図8）。

　このことから、授業で得られた知識とそれをどう理解したかを示す「認知の知識・理解」は

図8 メタ認知能力の読み取り結果の事例
　　（緑：認知の知識・理解、
　　グレー：認知の調整）

個別の学習履歴として記述されやすいことがあげられる。また「認知の調整」には、単元を通じた学習理解の変容や、学習内容全体の自己評価が含まれている。つまり、OPPシートを構成する各欄にメタ認知能力が表れることが確認できた。

■（3）考察とまとめ

　前述の非認知能力は、「VUCAな時代に求められる資質・能力」とも考えられる。研究担当らが考える「VUCAな時代を乗り越えることができる人物像」を図9にまとめる。

　好奇心をはじめとした非認知能力を可視化す

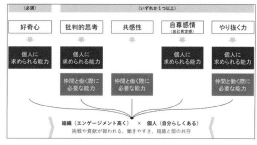

図9 研究担当らが考える、VUCAな時代を
　　乗り越えることができる人物像

る手段は限定的ではあるが、学習者がOPPシートに記述することによって非認知能力が外化されるため、第三者による読み取りに対して有用な手段であると考える。本研究では1単元という限られた事例にて分析を行ったが、同一学習者のOPPシートを複数枚分析することで、それぞれの学習者の特長をより深く把握できると考えている。

　OPPシートの構成自体が学習者の非認知能力を外化させる仕組みになっていると言え、教育分野の専門家でなくても非認知能力と思われる記述の読み取りが可能であった。また、学習者がOPPシートを完成させることによってメタ認知能力で言う「認知の調整」が外化されており、これにより学習者は学習内容全体を通しての新たな気付きや、新しい課題発見、その解決策を考えるきっかけになっていると思われる。これはVUCAな時代に求められる能力そのものであり、OPPシートの活用により、その能力を育成できるのではないだろうか。

4. おわりに

　本研究では、学校現場で長く実践されているOPPシートを用いて、その記述に非認知能力がどのように表れるかの検証を行った。民間企業に勤める研究担当の観点から検証したところ、不確実性の高いVUCA時代を生き抜く力として必要だと考える、好奇心、批判的思考、共感性、自尊感情、やり抜く力（グリット）の非認知能力を学習者の記述から読み取ることができた。また、メタ認知という点では、学習者がOPPシートを完成させる過程で「認知の知識・理解」「認知の調整」が外化される仕組みになっており、教育を専門としていない者でも学習者の記述からメタ認知を確認することができた。

　本研究を通じて、OPPA論が学校現場での活用にとどまらない専門的、汎用的な価値をもつ可能性も見えてきた。今後のさらなる研究成果の活用が期待される。

参考文献
小塩真司編著（2021）『非認知能力』北大路書房
ベネッセ教育総合研究所『家庭、学校、地域社会における社会情動スキルの育成』
https://berd.benesse.jp/feature/focus/11-OECD/pdf/FSaES_20150827.pdf（参照 2023-03-31）
一般社団法人日本経済団体連合会『Society 5.0時代を切り拓く人材の育成』https://www.keidanren.or.jp/policy/2020/021.html（参照 2023-03-31）
Earl,L.M.(2003). Assessment as Learning: Using Classroom Assessment to Maximize Student Learning, Corwin Press, 26.
堀 哲夫（2019）『新訂　一枚ポートフォリオ評価 一枚の用紙の可能性』東洋館出版社
中島雅子（2019）『自己評価による授業改善—OPPAを活用して—』東洋館出版社
堀 哲夫監修・中島雅子編著（2022）『一枚ポートフォリオ評価論OPPAでつくる授業』東洋館出版社

第**2**章

実践編

1 生徒と教師をつなぐOPPA

思いのズレを解消する手立て

教師が教えたいこと、面白いと思っていることと生徒の思いとの間に生じていたズレ。OPPシートに表れた生徒の考えやつまずき、教師が意図しない発見などをもとに授業改善を図ることで、このズレを解消することができた。

OPPAを通した教師の変容

Before

自分が教えたいことと生徒が学びたいことにズレが見られた。特に「この授業は面白いぞ」と教師が思っていても生徒には理解が難しいこともあった。実験の考察は結果をまとめるだけで、生徒が自分なりに進められるものだと思っていた。

After

「生徒の考えていること」「わからない部分」「授業者が意図していない発見」など、つまり生徒の主体的な学びを見取り、これを日々の授業改善に生かすことができた。学習履歴を利用して、過去の授業の内容と実験の結果から考察を行うと、生徒が自分なりの考察をしやすくなることがわかった。

OPPシート（デジタル版）の構成

本質的な問い（学習前）

単元の学習をする前に
電気って何だろう？
人が生活するのに必要なエネルギーの一つ。電気はいろんな家電製品を通して人の生活に役立てられる。明かりの役割がある。（乾燥していると、静電気が発生しやすくなる…。あれは痛い…。）今では人の生活に絶対（とまではいかないだろうけど）必要なものになっている。昔は電気なんてなかったけれど。

単元の学習を終えて
電気って何だろう？
生活に役立てられているが、場合によっては危険なものだと思いました。また、1Aが一秒以上流れたら心臓が止まるため、注意しなければならないものだと思いました。（調べたら人の抵抗って普通の状態で5000Ωあるらしいですね。）

本質的な問い（学習後）

理科 《学習ポートフォリオ》
記録シート
単元3 電流とその利用

学習履歴

モーターづくり②
12 21
18
ま、回った！ 長さも一応うまく調整して片面だけ削って、大変だった……。削る時に曲がっちゃって直したりの繰り返しだった…。あ、原理を忘れた。どうしてこうも大事なことを記憶する能力が低いんだ…。

やったね。回ってよかったよ。原理ね。まずは、ノートを見て思い出そう。

うーん？
11 24
9
なんでうまく比例の直線に近い点にならなかったんだろう…？最初の1分のところは赤・青・黄の全部が比例の直線に遠かったので、失敗しちゃったのかって思いました。ですが、最後の方になるにつれて、比例の直線にとても近いような点が取れていたので、最初のほうは温まるのにも時間がかかるから、比例の直線から遠かっただけなのかな…？

そうですね。原因はいくつか考えられますね。

気圧で変化！
1 19
24
気圧で色が変わるのがなんだろうと思いました。羽が回ったのは前に作ったモーターと同じ原理なのかな？そこはちょっと気になりましたが、でも真空と空気中では違うのか…？なんて考えて結構こんがらがっています。次の理科が楽しみです。

素晴らしい。前の授業の内容と繋げようとしているね。しかし、今回のは外的な要因といえますね。

自己評価

単元を振り返って
実験やら、それの考察やら、自分の知ってるようで知らないことばかりで、ときに（先生が）危険な実験だったり、半分遊びの実験だったり、コイルが磁界の変化を嫌ったりetc…電気って危険だけど、生活にはとても役立てられている、不思議なものだなって思いました。

2年「電流とその利用」

指導目標

- 電流、磁界に関する事物・現象を日常生活や社会と関連付けながら理解するとともに、それらの観察、実験などに関する技能を身に付けるようにする。
- 電流、磁界に関する現象について、見通しをもって解決する方法を立案して観察、実験などを行い、その結果を分析して解釈し、電流と電圧、電流の働き、静電気、電流と磁界の規則性や関係性を見いだして表現できるようにする。
- 電流とその利用に関する事物・現象に進んで関わり、見通しをもったり振り返ったりするなど、科学的に探究するようにする。

学習の流れ　※はOPPシートから教師が気付いたこと

時数	学習内容
1-6	● OPPシートの「本質的な問い」に回答する。 ➡ **1**「本質的な問い」の記述を授業に生かす 　「電気って何だろう？」 ※日常生活との関係を書いている生徒が多い。 ● 1章 電流と回路［回路の電流］
7-11	● 1章 電流と回路［オームの法則］ ※電流を水の量、電圧を水の落差と説明するとわかりやすい。
12-15	● 1章 電流と回路［電流とそのエネルギー］ ※電力は電子レンジで例えるとわかりやすい。
16-19	● 2章 電流と磁界［電流がつくる磁界］ ※地球が大きな磁石であるということを知らない。
20-24	● 2章 電流と磁界［電流が磁界から受ける力］ ➡ **2** OPPシートの活用で時間短縮
25-36	● 2章 電流と磁界［電磁誘導と発電］ ➡ **3** 生徒一人一人の声を授業改善につなげる
27-31	● 3章 電流の正体 ※電子の向きと電流の向きが逆である理由を説明しても納得していない様子。 ● OPPシートの「本質的な問い」と自己評価欄に記入する。　➡ **1**

1 「本質的な問い」の記述を授業に生かす
「電気って何だろう？」

　学習前の「本質的な問い」の記述を見取ることで、その後の授業に生かすことができる。例えば、多くの生徒は学習前に「電気は日常生活と密接な関係がある」と記述していたため、授業の中で、より多く日常生活の例をあげることを意識した。その結果、例えば生徒Aについては、電気とは何かという科学的概念の形成をしつつ、日常生活との関わりについて考察していることが見取れる（図1）。

　また、「本質的な問い」の記述の変容から科学的概念の形成を見取ることができた。生徒BとCの変容を見ると、学習後では「電子の移動」という記述が見られた。学習履歴と照らし合わせると、「電子が移動することにより電気がたまる」という記述があった。このことから、電子が電気の正体であることを理解していることがわかる。しかし、生徒Cの変容は「3章 電流の正体」の内容に引っ張られているとも言える。今後の改善点として、学習後の「本質的な問い」に回答する際には、しっかりと学習履歴を読み込むようにするといった指導の工夫が必要だと思った。

生徒A	生徒B	生徒C

学習前

生徒A

電気って何だろう？

電気は私達が生活していく上で欠かせないものだと思います。普段私が使っているものは大体電気系だと思ってて、例えばテレビとかスマホ、ドライヤーも電気を使っている。私達の生活で電気がなくなったら生活が大変になるって程私達には電気が必要。

生徒B

電気って何だろう？

なんかプラグ？みたいなやつとかを電池に繋いでそのプラグを通って電気が生まれる。今じゃスイッチ1つで明るくなって日々の生活に絶対に欠かせないもの。電気を使って植物を育てたりもしている。エジソンが電球のはじめ。

生徒C

電気って何だろう？

明かりを灯したり、エネルギーになったりと我々人間の生活に欠かせないものだと思う。電気なしに生きるのはこの時代じゃ難しい。

学習後

電気って何だろう？

改めて電気って私達にとって、とっても大切なものなんだなって思った。それに、電気が磁石とコイルで発生させられるみたいに実際電流とか流してなくても電気って発生させることができるんだなって感じた。私にとって電気は難しいというか、まだまだ理解できてないところもあるけど今回のこの単元で多くのことを学べたと思う。まとめとして、電気は人間にとって大切なものだってわかった。

電気って何だろう？

静電気にもマイナスとプラスが関わっている。擦ったり近づけたりすることでその電子たちが移動して引き合ったり遠ざかったりする。電気は今の日常でとても欠かせないもので科学としてもいろんな原理？があって日常の生活以外でも扱われている。

電気って何だろう？

「電子」が動くことだと思う。摩擦して、＋と－が移動し、退け合ったり引き合ったりする力のこと。

図1 生徒A、生徒B、生徒Cの学習前・後の「本質的な問い」に対する回答

❷ OPPシートの活用で時間短縮

OPPAを実践する中で、実験前の説明時間が短くなるという変化が生じた。もちろん安全面での留意点はしっかりと説明するが、OPPシートを見ていればどこまで説明すればよいかが事前にわかるからである。

また、班の中に1人でもファシリテーターがいれば、その実験は成立する可能性が高い。しかし、時には逆転現象が起きる。例えば、手先が器用なある生徒は、普段は班の人に教えてもらうことが多いが、モーターを作る実験ではファシリテーターを務めた。

このクリップモーターを作るコツの一つに「綺麗にバランスよく作る」というのがある。少しでも軸がずれると回らないことが多い。

モータの仕組みはわかっているものの、過去にあまり回らなかった経験をもつ生徒のOPPシートには、成功を喜ぶ言葉があった。図2はその記述である。

モーターをつくる②

今回の授業ではモーターを回すことができました！！モーターが回る仕組みは片面しか削らないことが大事なんだと思いました。また、なぜ回転をしたのかは、電池につけたネオジム電池と、電池に電気を流すことによってできた磁石のそれぞれの磁石が反発したり、引き合ったりしたから回転したと思いました。片面しか削らなかったのは引き合う力と反発する力の2つの力ができなくなってしまうからだと思いました。

モーター作り

前回やったときはあんまり回らなかったけど今日やったときは回ったし、新しく作ったコイルもめっちゃ回った。私の予想は磁石とコイルの距離で速く回るか遅く回るか別れると思ってて、フレミングの左手の法則と何か関係あるのかと思ったけど何もわかんなかった。

図2 モーター作りでの学習履歴（第23時）

このクリップモーターの実験は、初任で2年生を担当したときに、先輩に教えてもらった教材である。図3、4は作り方の図である。

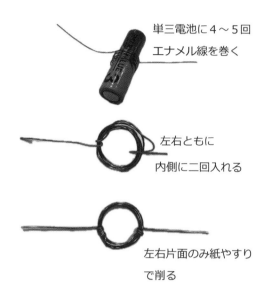

単三電池に4〜5回
エナメル線を巻く

左右ともに
内側に二回入れる

左右片面のみ紙やすり
で削る

図3 クリップモーターの作り方①

磁石

クリップをコイルが引っかかる
ように電池の両端にとめる

図4 クリップモーターの作り方②

話は少しそれるが、最近は先輩方から教材作りの極意やノウハウを受け継げる環境が少しずつ減ってきているのを感じる。「温故知新」という言葉通り、身近に聞ける環境があるのならば、どんどん教えを請うことをおすすめする。

❸ 生徒一人一人の声を授業改善につなげる

　生徒一人一人の声を授業に取り入れることは大切である。しかし、OPPシートを活用する前は難しかった。ここでは、OPPシートによって可能になった一例を紹介する。図5、6は電磁誘導の実験を行ったときの様子である。

図5　電磁誘導の実験①

図6　電磁誘導の実験②

　実験中には様々な気付きがある。今回生徒にしかけたことは単純で、「電源はどこにあるんだろう？」という問いを実験の中盤に投げかけただけである。この授業におけるOPPシートへの記述を4例紹介する。

> **電磁誘導　考察**
> 磁石をコイルの近くで動かすと電圧が生じる現象を電磁誘導という。磁石をコイルの近くで動かすだけで電流が生まれるのならば、発電に使われていたりしないのだろうかと思った。

> **磁界の中で発生する電流**
> 今回は電池もコンセントも使わずに電流を作る実験をしました。コイルと磁石を使って、電流を発生させました。電流の発生の仕方がコイルの中に磁石を入れるだけで、謎に電流が発生します。磁石をコイルの中で動かせば動かすほど、電流が大きくなって、磁力が大きければ大きいほど電流が大きくなりました。そして、コイルの巻く向きや、磁石の入れる向きを変えると検流計の針の動く向きが変わる。

> **電磁誘導**
> 誘導電流が大きくなるほど色々な値も大きくなることがわかった。磁界と同じようにコイルに近いほど電流は大きくなるのかどうか気になった。もし大きくなるなら磁界と誘導電流は繋がっているんではないかと思った。

> **電磁誘導**
> 誘導電流は変化が大きいほど大きいということだから、磁界の変化が一気に小さくなったら磁界の変化が大きいから誘導電流も小さくなる。気になったことはコイルの中に一つ入れてたけど、違う極同士の磁石を同時にコイルに入れたらどうなるのか気になった。

図7　電磁誘導での学習履歴（第26時）

　電磁誘導の実験をした後、各班で話し合った考察を発表した。その一部を紹介する。

1班	速く動かすと揺れが大きくなる。自転車をこぐと光るライトと同じで速くこぐと光が強くなるのでそれと似ている。
7班	磁石をコイルに近づけると電流が流れる。日常では手巻き（防災用）ラジオに使われている。
8班	磁石の向きが逆や動きを逆にすると電流の向きは逆になる。モーターは手で回すと電気が流れるので磁石が動いて電流が発生する。

発表後のOPPシートには「モーターって発電機になるの?」「モーターを回すと電流ができるって本当ですか」などの疑問が見られた。これは、8班の考察を受けての記述と考えられる。そこで、次の時間は実際に実験で検証してみようと考えた。

日常生活との関連も考え、LED、モーター、乾電池、手回し発電機を使って実験を行った。このとき、「目の前にある実験器具をいろいろつなげてみよう」と声をかけた。生徒は器具を使って、様々に試していた（図8）。

図8 モーターを回す様子

実験を行っている中、一つの班が「そういえばモーターで電気が作れるんだよね?」と言って、電池で回していたモーターをLEDにつなぎ、一生懸命にモーターを回し始めた（図9）。

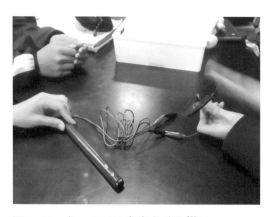

図9 モーターでLEDを光らせる様子

その班から「光った!」と歓声が上がった。それを見ていた他の班も「やってみよう」と次々に試していた。

今回の実験では、この一人の生徒の声が授業改善につながった。この授業におけるOPPシートの記述を 3 例紹介する。

モーターと直流と交流の仕組み
モーターは、力を電流に変えることによってプロペラや電気を動かすことができるので、モーターを回す方向を変えると、力の伝わる向きも変わり、プロペラの回る方が変わった。また、東日本や西日本で周波数が違うから、コンセントの形も違ってくるのかなと思ったけど、海外のホテルや、西日本のホテルでのコンセントの形は変わらなかったから、他の相違点はないのかなと思った。

singouki
プロペラでもモーターとかが動いたとき、めっっっっっちゃ感動しました。発電機でつけるのも回すと早くなったりするから便利だけど、乾電池を使うと、一定の速さだし自動だから今の時代にぴったり! 緑と赤に光るとき、信号に似てたから、同じ動きなのかなって思いました。

交流の電流について
まずモーターとLEDライトを発電機とか電池とかの電源無しで繋いでモーターを手動で回したらLEDライトもついた。これは電源を繋いでいる場合は電流がエネルギーとなっているだけで手動でもなんでもその回路のどっかが動けば円だから全体に伝わっているから動くと考えられる。また直流と交流を比べて直流は+か−のどちらかからしか流れていないけど交流はどちらからも交互にちょっとずつ流れているから長持ちしやすいのかもしれない。

図10 モーターの実験での学習履歴（第28時）

このように、OPP シートに記入された疑問を取り上げることが、授業改善につながり、生徒の科学的概念の形成を促したと考えられる。

また、本単元における生徒の素朴概念には「モーターはモーターの機能しかない」「発電機は発電機の機能しかない」という考えも多い。それらの考えを違う角度から見ることができたのではないかと考える。さらに、生徒の様子を観察していると、今度はモーターで発電機を回す姿が見られた。しかし、ここでは発電機のノブは少ししか回らなかった。そこで「何であまり回らないのかな?」という新たな疑問も生まれた。このように、理科の授業では「何で?」「どうして?」が尽きない。これに対して、教師がしかけをつくっていくことが大切である。そして、OPP シートの活用によって、それが可能となった。

❹ 本実践で実感したOPPAの効果と今後の課題

⑴コメントの効果

OPPシートを活用する前は、授業前後や補習で質問を受けるのは限られた生徒であったが、OPPシートを通して誰でも質問できる環境を整えることができたと言える。ただし、生徒自身に仮説を立てることを促すため、あえてすべてには答えないよう心がけている。

磁力と磁力線

今日の授業を受けて、丸磁石でも棒磁石と同じような結果になるのかな？と疑問になりました。もしかしたら丸磁石の磁力線は360度同じ向きを示しているのかも知れないと予想してみました。でも半分しかもう一つの磁石と向き合っていないのだから結果は同じかも知れないし、そもそも磁石一つに2つの極を丸磁石は備わっているのか？といろいろ出てきてあんま分かんなかったです。

なるよ―丸磁石は基本的には裏と表でNSが別れているね。

図11 コメント欄で質問に答える
（第17時）

また、間違ったことを書いた生徒に対しては、理解しようとしている姿勢を褒めた上で、間違いは訂正する。

水と熱量

発表はとてもおもしろかった。カロリーは食べ物の重さだと思ってたが、水の温度を上昇させる熱量だとわかった。ということは、カロリーが高い食べ物は温度が高いのでは？と思った。

カロリーが高いと消費するエネルギーがいるということなので、食べ物自体の温度は関係ないかな。でも、熱量という言葉は合っているよ。

図12 コメント欄で間違いを
訂正する（第15時）

次の授業の最初に、生徒の学習履歴を全体に紹介することで、新たな視点をもてたり前の授業の振り返りをしたりすることができた。図13の記述例は授業の最初に他の生徒の学習履歴を紹介したときのOPPシートの記述である。

⑵自分の言葉で自らの学びを考察

実験後の考察をしているときにパソコンを開いている生徒が何人もいた。最初は「何をして

モーターづくり②

先生が授業の最初で他の人が言っていたコツでコイルの巻数を少なくして横に長くなった導線をできるだけ短くなるように切ることで全体の重さを減らしよくまわるようにすることができました。

回すことができたんだね。good

図13 クラスメイトの記述から
得た気付き（第23時）

いるんだろう？」「インターネットで調べているのかな？」と思った。しかし、生徒のパソコンを覗くと、自分のOPPシートを見ていたのである。日々の学習履歴を参考にしながら考察をしていた。考察をする際に教科書を参考にしている生徒は以前からいたが、このような意外な事実を目の当たりにした。学習履歴を振り返りながら考察をすることによって、自分の言葉で表現しようとする力が身に付くと考えられる。考察で悩んでいる生徒がいたら、「OPPシートに書いてあるかもよ」と声をかけ、学習履歴の活用を促すようにしている。

⑶紙版かデジタル版か

OPPシートを、以前は紙に印刷して活用していたが、今回のようにデジタル版にすることで生徒の記述の文字数が増えた。デジタル版では、文字を小さくすればたくさん入力できてしまう。これについての改善案としてOPPシートの枠を小さくするなどの手立てを行った。生徒がたくさん記述するのはうれしい悩みであるが、OPPシートの学習履歴欄では、端的に自分の考えをまとめることを重視しているので、文字数が多いのがよいわけではない。

また、紙版では、絵や図を描くなどの工夫も見られるが、デジタル版でそのような事例はとても少ない。生徒のもっているイメージを可視化する点では紙版のメリットは大きいと言える。紙版とデジタル版でのメリット・デメリットについては今後検討が必要だろう。

2 問いづくりから始める授業

OPPAが促進する生徒主体の探究

2年
化学変化と
原子・分子

教師が細かく丁寧に教えないと授業は成立しない。そんな思い込みから抜け出すヒントは、OPPシートにあった。生徒主体の探究もOPPシートによる支援があるからこそ、その効果がより発揮される。

① 生徒は多様なのに、みんなで一斉に同じことをする学習でいいのかな

② いざ自由に進めてみると… 何を学べばいいかわかりません ……

③ 本当の意味での「学習の個性化」のためには、OPPシートが有効なんだ

④ 自分の学びたいことを探究できてうれしかった その探究、いいね！ 面白い方法だね

OPPAを通した教師の変容

Before

生徒は多様であることは認識しつつも、多様な学び方を認め、その機会を保障することができていなかった。なぜなら、指導内容にとらわれ、教師の指導目標と生徒の学習目標を同時に実現することが難しいと感じていたからだ。実験内容や学習の方向付けを強くし、生徒はその指示を待つばかりだった。

After

カリキュラムを、探究のための「道具」として用いるという考え方に変化した。生徒一人一人が科学のプロセスを自覚しながら学ぶためには、OPPシートによる自己のモニタリングが効果的である。生徒は目標や課題を「自分のもの」として主体的に捉え、強い情熱と責任感をもって取り組むようになってきた。

OPPシートの構成

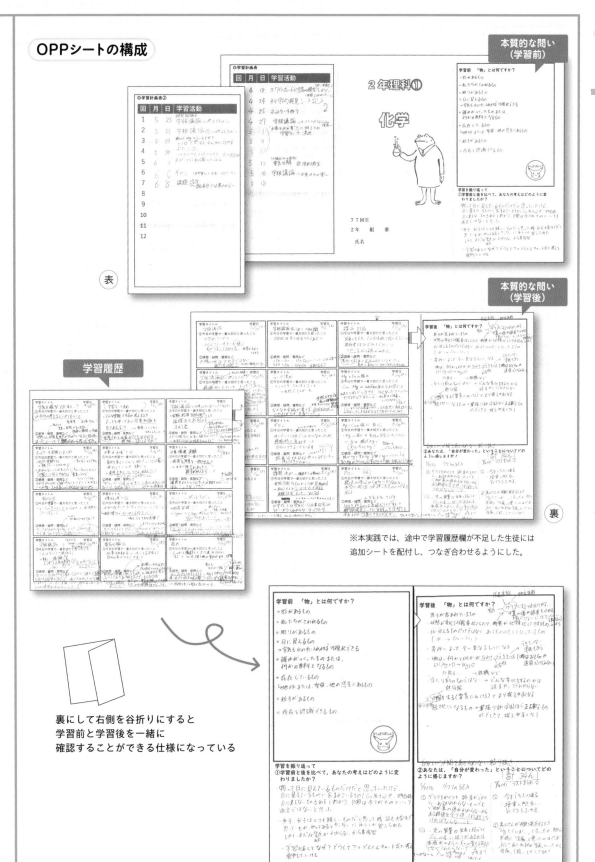

本質的な問い（学習前）

本質的な問い（学習後）

学習履歴

2年理科①

化学

77回生
2年　組　番
氏名

裏にして右側を谷折りにすると
学習前と学習後を一緒に
確認することができる仕様になっている

※本実践では、途中で学習履歴欄が不足した生徒には
追加シートを配付し、つなぎ合わせるようにした。

2年「化学変化と原子・分子」

指導目標

● 化学変化について、原子や分子のモデルと関連付けながら理解するとともに、それらの観察，実験などに関する技能を身に付けるようにする。

● 化学変化について、見通しをもって解決する方法を立案して観察、実験などを行い、原子や分子と関連付けてその結果を分析して解釈し、化学変化における物質の変化やその量的な関係を見いだして表現することできるようにする。

● 化学変化に関する事物・現象に進んで関わり、見通しをもったり振り返ったりするなど、科学的に探究しようとする態度を育成する。

学習の流れ

※はOPPシートから教師が気付いたこと
■は質問の焦点 (学習テーマ)

時数	学習内容
1	● OPPシートの「本質的な問い」に回答する。 ➡ **1**「物とは何か」 　※子どもの物質観における原子・分子の位置付け ● もしも粒子が見えたなら。
2-8	単元1：物質の成り立ち ■ パンケーキと炭酸水素ナトリウム ■ 水素は水の素（もと） ●「物質の成り立ち」について探究し、表現する。
9-15	単元2：酸素が関わる化学変化 ■ 燃える「もの」 ● 燃焼現象について、酸素との結び付きの視点で探究し、表現する。 ➡ **2**OPPA論に基づく「ワークショップ型授業」 　※個別的な探究活動への支援の糸口
16-22	単元3：化学変化と物質の質量 ■ 原子はなくならない。 ● 化学変化を質量の視点から考え、表現する。
23-29	単元4：化学変化とエネルギー ■ 酸素はめぐる。 ● 原子同士の結び付きやすさと物質の循環について、酸化・還元反応の視点で探究し、表現する。
30	● OPPシートの「本質的な問い」と自己評価欄に記入する。 ➡ **3**学習者主体が引き出す自己評価

1 「本質的な問い」の設定
「物とは何か」

　本単元のOPPシートを作成するにあたって、大単元の「本質的な問い」を「物とは何ですか？」と設定した。その設定理由は以下の2点である。

①学習前の考えを表現しやすいから

　「物質」という用語は科学用語であり、「化学物質」や「研究者」というイメージが強く、学習前の概念が「そのものを知っているか知っていないか」によって左右されやすい。その点、「物」という言葉は「物質」よりも馴染み深く、日常にあふれている。さらに、「存在を認識できる物」「時間が経つと変わっていく物」というように、現実と結び付けた多様な解釈がある。そのため、生徒が元々もっている概念や考え方をもとに回答しやすく、理科の学びによる「科学的な根拠に基づく物質観」への変容を生徒自身が気付きやすくなると考えた。

②中学校3年間を通して
　　共通の「問い」を設定できるから

　中学校における化学領域の学習は、物質の性質と状態変化➡化学変化➡イオンへとつながっていく。これらは、自然界の物質が金属結合、共有結合、イオン結合によって成り立っているという物質観につながるものである。ゆえに、中学校3年間での化学領域の学習における「本質的な問い」を「物とは何ですか？」とすることで、学年を超えた領域内での概念変容を促すことができると考えた。

　生徒Aによる学習前の「本質的な問い」への回答を詳しく見ると、「この宇宙にある全て」「固体、液体、気体」「物体」と記述されていた。これらから、生徒Aは第1学年で学習した状態変化や物質の存在について理解はしているものの、その科学的な根拠となる粒子や原子・分子という微視的な視点で常に「物」を見るまでに

は至っていないと考えられる。

　この生徒Aは、本実践での学習後には「全ての『もの』はそれ以上細かく分けられない原子からできている。…原子には限りがあり、それらが結びつき方や状態を変えて存在する。…空気中には『物』があふれるほど詰まっている」と記述するようになった。このことから、科学的な根拠に基づく物質観へと変容したと考えられる。このような変容を明確に見取ることができるところが、OPPシートの利点であり、生徒の成長の実感に大きくつながっていると感じる。さらに、このような変容の自覚が、生徒主体の授業をより豊かにしていくのではないかと考えられる。

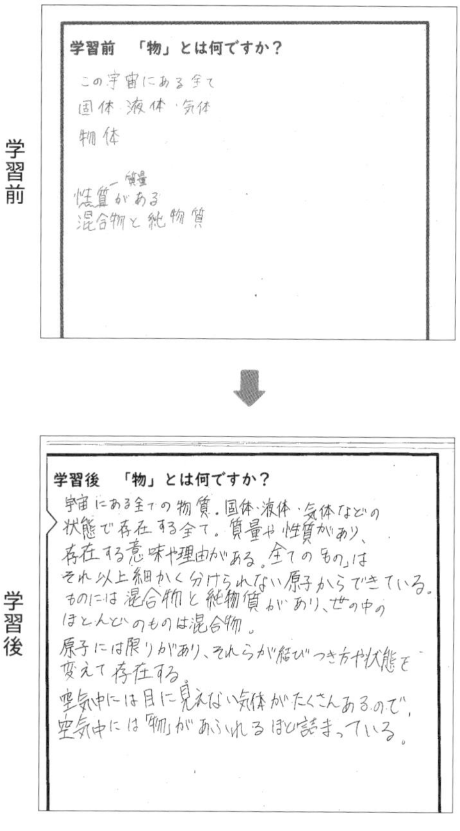

図1　生徒Aの学習前・後の「本質的な問い」に対する回答

⑴生徒自らが探究のサイクルを回す

生徒主体の授業を考える際に、生徒による選択や意思決定が欠かせないだろう。ただし、生徒がもっている概念や考え方は人それぞれである。追究したい問いも様々であり、それらが同じ方向性に向かっていかない限り、孤立した学びになってしまうということが多々ある。私自身もこれまでは、生徒主体と言いつつ、生徒の活動が教師によって強くガイドされ、一人一人の個性的な学習へと引き上げるような授業は実現できていなかった。つまり、OPPA論を大きな授業改善へと生かすことができなかったのである。

改めて、生徒主体の授業とはどういったものだろうかと考えたとき、「個々の生徒が、学習対象である自然事象に対して粘り強く試行錯誤しながら関わり、自身の学び方を捉えて改善に生かそうとしたりしたことによって、その生徒ならではの個性的で多様な学習成果を得られるといったような学び」であると学んだ。溝上（2020）は、このような個性的な学習成果について、「教授パラダイムから学習パラダイムへと教授学習の活動を拡張していくと、基礎・基本を越える、人とは異なる個性的な学習成果の空間が見えてくる」と述べ、生徒主体の授業の重要性を主張している。そういった一人一人の個性的な学習成果を学習集団としての学級全体で共有し、協働的に学び合うことによって、自然事象への認識や理解を深め、さらなる探究的な学習へとつながることを期待して、ワークショップ型授業に挑戦した。

ワークショップ型授業とは、生徒自らが探究のサイクルを回すことで、科学的に探究するために必要な「探究の方法」を学ぶことを目的とした授業デザインのことである。ここで言う探究のサイクルは、①生徒自らが実証できる「問い」を立てる　②それらの「問い」に答える探究を進める　③探究を通じて発見する　④発見した事柄をクラスの仲間と共有するという流れとする。なお、ワークショップ型の授業の要素は、ラルフ・フレッチャー（2007）のライティング・ワークショップおよびチャールズ・ピアス（2015）の探究サイクルを参考にした。さらにここでは、生徒自身による質問づくり（しばしばQFTと呼ばれる）において、ダン・ロススタインとルース・サンタナ（2015）の「質問づくりの七つの段階」を参考にした。これにより、OPPシートをさらに学習と指導の改善に生かし、教師の指導目標とカリキュラムを、生徒自らが形成する学習目標に反映していくことができると考えた。

⑵「質問づくり」で学習を方向付け、OPPシートで見取る

この活動の目的は「生徒が最終的に生涯の学び手として自立すること」であり、過去の経験や自らの好奇心や問いに答えることを通して、自立性を高めていくことをねらいと

図2　質問づくりの様子とその手法

表1 単元2におけるワークショップ型授業の流れ

時数	学習内容
1	■「単元2：酸素が関わる化学変化」の学習について見通しをもつ。 ● 単元の説明を聞く ■「質問の焦点」（本単元では、燃える"もの"）を聞き、教師の演示実験を見たのちに、グループで質問づくりを行って、実証可能な問いをつくり出す。
2 ・ 3 ・ 4	■「ミニ・レッスン」（一斉）を受ける。 ● 探究するために必要な思考スキルや科学的知識、実験技術を獲得する。教師はOPPシートの記述に基づいた学びのアセスメントを行い、生徒に適切なフィードバックを行う。 ■「今日の予定」を確認する。 ■ 教師やクラスメイトと相談し、自由に探究する活動を通して、自らの活動を見直しながら「発見シート」に記入する。 ■ クラスメイトの成果発表を聞く活動を行った後、OPPシートの「学習履歴欄」に記述し、提出する。これにより、次時の探究のための視点を得る。
5 ・ 6	■「全体議論」をし、得られた科学的知見を集団知とする。 ■ 単元の「振り返り」をOPPシートに記述し、提出する。 ● 生徒のゴールは研究成果だけではなく、探究のサイクルの回し方の習得と回すことで得る科学の楽しさを実感することとする。

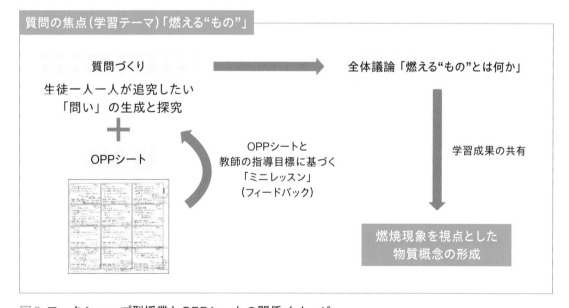

図3 ワークショップ型授業とOPPシートの関係イメージ

している。ここでは、図2のような質問づくりの手法を用いて、「閉じた質問と開いた質問への分類」、「質問の形態を変換（閉じた質問⇔開いた質問）」を実施後、質問に優先順位を付けるワークショップを行った。

ここで、生徒Bの記述を例にあげる（図4）。生徒Bは教師から提示された「燃える〝もの″」

という質問づくりの焦点を受け、太陽が燃えているという既有の知識から、「真空中でも火は燃えるのか」と自らの「問い」を設定していた。その後、班員とそれぞれの立てた「問い」を共有し、「真空中や水中など空気のないところでは、本当にものは燃えないのか」をテーマとして、探究活動をスタートした。

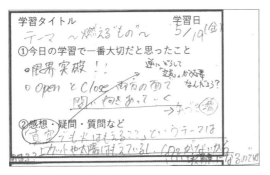

図4 生徒Bの「質問づくり」(第1時)
　　　の学習履歴

⑶個々の探究活動をOPPシートで支援する

　生徒Bは班員と分担し、「太陽はなぜ燃えているのか」や「燃えるとはどのような現象か」「燃える物質と燃えない物質の違い」について、書籍やインターネットを通じて調査するとともに、「水中で花火が燃えると聞いたことがある」として、花火を水中で燃やしてみる活動に取り組んでいた。活動の途中、生徒Bは花火の燃え始め（火花が閃光のように散り始める瞬間）が瞬間的であることに着目し、ここで何が起こっているのかを解明したいと思うようになった。この様子を見て、教師が「記録の取り方をどのように工夫すればよいかな」と声をかけたところ、タブレットPCで動画を撮影し始め、その動画を何度も見直す活動をするようになった（図5）。

　この日の生徒BのOPPシート（図5）には、記録の取り方の工夫が振り返りの質を向上させることへの気付きとともに、「マグネシウムを燃やすと、せん光的な強い光が出て、花火の光の核になっている？」という予想がなされていた。これらのことから、教師は花火の成分について問いかけるとともに、「花火づくり」に挑戦している他クラスの実践も紹介し、「金属の酸化・燃焼」へと考えの幅を広げられるよう促した。このように、個々の生徒の活動を支援することに、OPPシートの活用はとても効果的であると実感している。

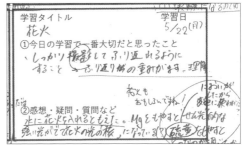

図5 生徒Bの「探究活動」(第2時)の
　　　学習履歴と実験の記録

⑷全体議論で成果を共有する

　探究活動の最後には、それぞれの探究の成果を表現し合う生徒が司会となって行う「全体議論」の場を設けていている。生徒Bと同じクラスの生徒Cの記述（図6）を見てみると、この「全体議論」の活動に対して、「反論をしっかり考えることが、議論の質を上げることにつながる」ことを実感している様子があった。また、感想の欄には、「十個の班があるといろいろな実験結果が出て、おもしろいと改めて感じた」と記述されていた。

　これらの記述から、生徒Cは他者の活動の多

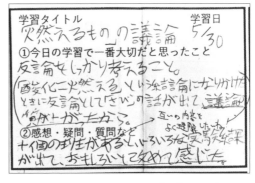

図6 生徒Cの「全体議論」①（第5時）の
　　　学習履歴

66

様さを自身の学びに対して肯定的に受け止めているとともに、他者の主張をよく理解しようとすためには、「反論」を考えることが大事だとする「批判的思考」への萌芽が見て取れた。

また、生徒Dは図7のように化学式やモデルによる視覚化や記号操作の有用性を一番大切な事柄にあげており、感想欄に「燃えるもの＝酸素とむすびつけるもの」とその定義を書いている。この定義は、学級全体で共有したものであり、生徒Dが司会となって議論を取りまとめたものであるため、その学びへの満足感がこの記述にも表れていたように感じられた。これらのように、OPPシートがあれば多様な学習成果

を認め合い、学びの満足感を可視化することも可能であることを実感している。

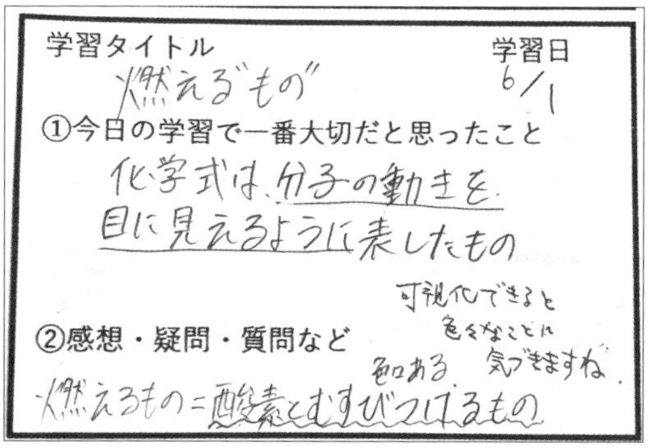

図7　生徒Dの「全体議論」②（第6時）の学習履歴

❸ 生徒主体が引き出す自己評価

学習者が主体となって行う探究活動にOPPシートを用いれば、生徒は自分の活動した内容についての自己評価を常に行うことができる。加えて、探究サイクルを何周か終えた後の大単元全体の自己評価（ここでは、「物とは何か」への自己評価）は、学ぶ意義や有用性の感得につながると感じている。先述の生徒Aの書いた自己評価（図8）では、物質概念の形成とともに、

「疑問から仮説を立て、実験など検証をして考察を導くという一連の流れから、化学って面白い！と思えるようになって、楽しんで学習に取り組めるようになった」と記述されていた。学習者が主体となって、探究のサイクルを回すことの有用性や、それをOPPシートによって個別的かつ具体的に支援することの可能性を実感した瞬間であった。

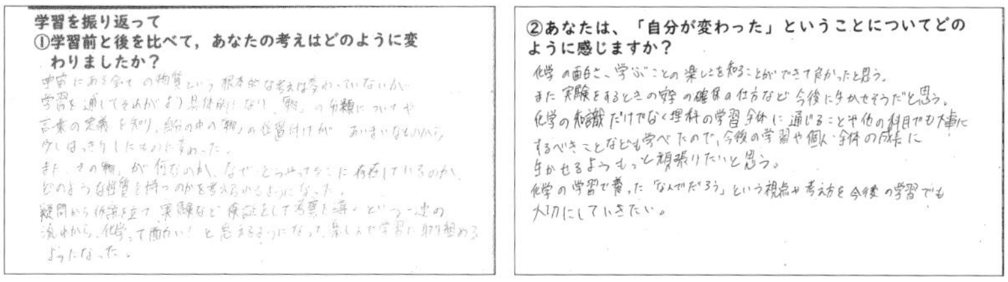

図8　生徒Aの自己評価

参考文献

溝上慎一（2020）『社会に生きる個性　自己と他者・拡張的パーソナリティ・エージェンシー』東信堂

ラルフ・フレッチャー（2007）『ライティング・ワークショップ―「書く」ことが好きになる教え方・学び方―』新評論

チャールズ・ピアス（2020）『だれもが＜科学者＞になれる！探究力を育む理科の授業』新評論

ダン・ロススタイン，ルース・サンタナ（2015）『たった一つを変えるだけ　クラスも教師も自立する「質問づくり」』新評論

3 科学的概念の形成を目指した授業づくり

生徒の実態に即した手立てを通して

2年
雲のできる
仕組み

学習前・中・後を通して、生徒の学習の実態を見取ることができるのがOPPシート。生徒の思考や認知過程を把握しながら、授業改善を図ることが、科学的概念の形成に有効であることがわかった。

OPPAを通した教師の変容

Before

単元の計画を十分に練らず、生徒の学習前の実態がわからないまま授業を始めていた。授業の良し悪しを判断するのは、授業者の感覚のみ。生徒が学習内容をどの程度理解できたかも把握できずにいた。

After

学習前の生徒が有する知識や考えを知ることができ、それをもとに授業を構成することができるようになった。生徒の学習履歴から、指導の有効性を判断し、授業改善を図ることもできた。さらに、学習を通した生徒の変容を見取ることができたのは、授業者としての大きな喜びである。

OPPシートの構成

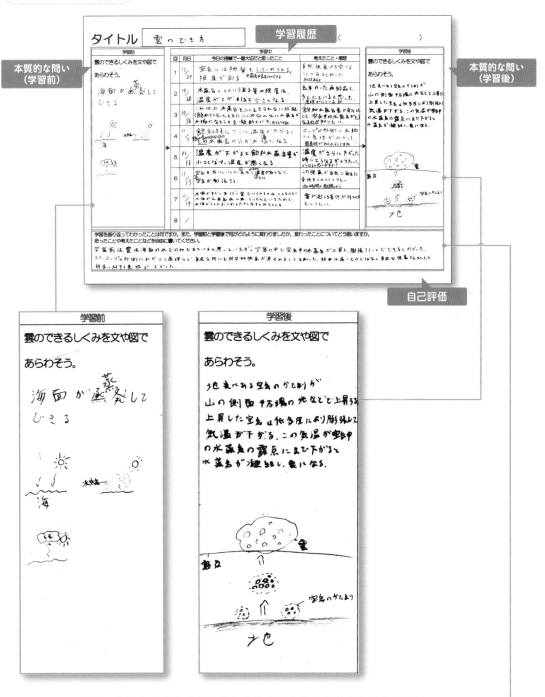

本質的な問い（学習前）

学習履歴

本質的な問い（学習後）

自己評価

タイトル　雲のひき方

学習前

雲のできるしくみを文や図であらわそう。

海面が蒸発してできる

学習後

雲のできるしくみを文や図であらわそう。

地表にある空気のかたまりが山の側面や太陽の光などで上昇する。上昇した空気は低気圧により膨張して気温が下がる。この気温が空気中の水蒸気の露点にまで下がると水蒸気が凝結し雲になる。

学習を振り返ってわかったことは何ですか。また、学習前と学習後で何がどのように変わりましたか。変わったことについてどう思いますか。思ったことや考えたことなどを自由に書いてください。

学習前は雲は海面の水のみでできていると思っていたが、学習の中で空気中の水蒸気が上昇し、膨張することでできるとわかった。また、コップの外側に水がつく原理など、身近な所にも科学的現象が見られることを知った。科学は遠いものではなく身近な現象だと知れた。科学に対する興味が上がった。

※本学級は「学習の流れ」の5・6時間目を1時間で実施したため、本単元を計7時間で行った。

2年「雲のできる仕組み」

指導目標

● 実験から学んだことをもとに、「雲のできる仕組み」を気圧、空気の膨張、温度、飽和水蒸気量と関連付けて説明することができるようにする。

● 学習したことをもとにして、冬にガラスがくもる現象など、身近に起こる現象に興味を持ち、その原理を自ら考えることができるようにする。

学習の流れ　※はOPPシートから教師が気付いたこと

時数	学習内容
	● OPPシートの 「本質的な問い」 に回答する。 ➡ **1**「雲のできるしくみはどうなっているのか」 ➡ **2**学習前の 「本質的な問い」 に基づく授業づくり ※学習前に雲のできる仕組みを理解している生徒はいなかった。
1	➡ **3**「学習履歴」 に基づく授業評価 （1時間目〜8時間目） ア　演示実験1 （単元の導入として）「線香の煙の入ったフラスコと注射器を接続させ、注射器のピストンを引く実験」 を観察し、考察する。 ※単元の導入として有効だった。 イ　演示実験2 「加熱したやかんから出る湯気」 を観察し、考察する。 ※水蒸気は目に見えないことが理解できた。
2-4	ウ　実験1 「氷水で温度を下げていくとコップの表面に水滴がつく事象」 を行い、考察する。 ※実感を伴って水蒸気が水滴に変化したことを理解できていた。 エ　実験1の結果を飽和水蒸気量と関連付けて説明する。 ※グラフが関連性を考える際に有効だと考えている生徒が何人かいた。
5-6	オ　次の項目を理解する。 「湿度」「湿度と気温との関係」「湿度と飽和水蒸気量との関係」「湿度と露点との関係」 ※気温と湿度との関係、湿度と露点との関係が難しいと感じている生徒がいた。
7-8	カ　実験2 「真空容器の空気を抜いて気圧を下げたときの変化」 の実験を行い、考察する。 ※空気を抜いていくと温度が下がる現象が理解できていた。 キ　実験2の結果をもとに、自然現象で空気が上昇するとどのような変化が起こるのかを考え、飽和水蒸気量のグラフと関連付けながら雲のでき方を説明する。 ※実験2の結果を実際の自然現象に適用して考えていた。 ク　演示実験1の結果を自分の言葉で説明する。 ※もっと時間を掛けて考えさせたかった。
	● OPPシートの 「本質的な問い」 に回答する。 ※本実践が有効だったことがうかがえた。 ● 自己評価欄に記入し、タイトルを考える。 ※生徒の変容が感じ取れた。 ➡ **4**学習後の 「本質的な問い」 と 「自己評価」 による授業の総括 ➡ **5**生徒も教師も学びを実感!

■1 「本質的な問い」の設定
「雲のできるしくみはどうなっているのか」

「本質的な問い」はどのように設定するとよいだろうか。私は、単元を貫く、その単元特有の「問い」を設定するのが望ましいと考えている。本実践では、「雲のできるしくみはどうなっているのか」と設定できるが、生徒の実態を踏まえ、より書きやすいように、OPPシートには「雲のできるしくみを文と図であらわそう」

と表現した。

この問いに対する答えは、本単元で生徒が理解できるようにしたい内容である。学んだことが理解できれば、学習後には説明ができるようになると思われる。このような問いを設定することによって、学習を通した変容を生徒自身が感じ取りやすくなるだろう。

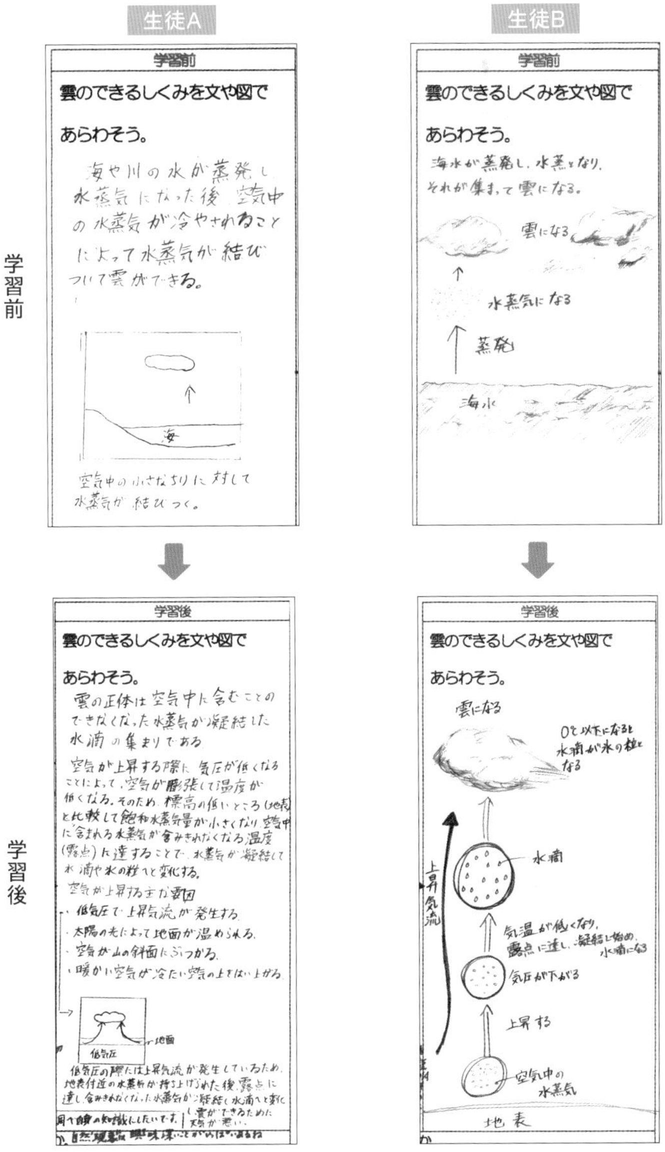

図1 生徒A、生徒Bの学習前・後の「本質的な問い」に対する回答

　学習前の「本質的な問い」への回答を読み取ることによって、生徒の既有の知識や考え（素朴概念）を把握でき、それをもとに授業を構築することができる。

⑴生徒の素朴概念

　学習前の記述を分析してみると、生徒の実態として次の3点が明らかになった。

①雲のできる仕組みを科学的に説明できている生徒はいなかった。

②「水蒸気が上に上がっていき、雲になった」と考えている生徒が84人中77人（91.7%）いた。そのうち76人は、水蒸気がそのまま雲になったと考えていることがわかった。

③77人中1人だけが、「水蒸気が上空の温度の低さにより固体（雪のようなもの）となり、雲ができる」と回答した。

　これらの結果から、76人（96%）の生徒は、雲は水蒸気が集まったものと考えていることがわかった。そこで、雲は水蒸気が水滴に変化し、その水滴が集まったものであることや、水蒸気が水滴に変化する仕組みを理解できるようにする必要性を感じた。このような生徒の実態を踏まえ、科学的概念「雲のできる仕組み」を生徒が形成するための手立てを考えた。

⑵科学的概念を形成するための手立て

　OPPシートによって明らかになった生徒の実態を踏まえ、科学的概念「雲のできる仕組み」を形成するためには、次の四つの手立てが有効であると考えた。

手立て1：雲は水滴の集まりであることを理解する

　雲は、水蒸気（気体は目に見えない）ではなく、水滴や氷の粒（液体や固体は目に見える）が集まってできていることを理解する必要がある。そのために、やかんの水を沸騰させる実験を行い、水蒸気は目に見えないことを実感する。

手立て2：実感を伴って、水蒸気が水滴に変化することを理解する

　実験1「氷水で温度を下げていくとコップの表面に水滴がつく事象」によって、水蒸気が水滴に変化する様子を、実感を伴って理解する。

手立て3：実験1の事象を飽和水蒸気量と関連付けて理解する

　実験1の事象がどのような仕組みで起こるのかについて、飽和水蒸気量と関連付けて考える。つまり、空気が含むことのできる水蒸気量には限度があること、その限度は温度が下がると小さくなること、その限度に達すると水蒸気は凝結して水滴になることを理解する。

手立て4：事象の関連性を理解する

　実験1を先に行い、水蒸気が水滴に変化する現象を理解した後に、実験2「真空容器の空気を抜いて気圧を下げたときの変化」を行う。実験2では、気圧が下がり、その結果温度が下がることによって雲ができることを理解する。このような手順を踏むことで、それぞれの事象と「雲のできる仕組み」との関連性に気付くことができるようにする。

3 「学習履歴」に基づく授業評価（形成的評価）

授業の有効性を判断する方法は、授業者の感覚しかないのが通常であるが、OPPシートで見取ることによって、どの働きかけが有効で、どの働きかけが不適切だったのかなどの授業評価を行うことができる。

その授業評価をもとに、授業改善が可能となるのである。次に、どのように授業評価および授業改善を行ったのかを具体的に述べる。

⑴ 教師の手立ては有効だったか

授業前に立てた科学的概念の形成のための手立てが有効であったかどうかをOPPシートの記述から検証する。

① 手立て1の検証

図2の記述から、手立て1の雲の正体が水蒸気ではないことを理解していることがわかる。

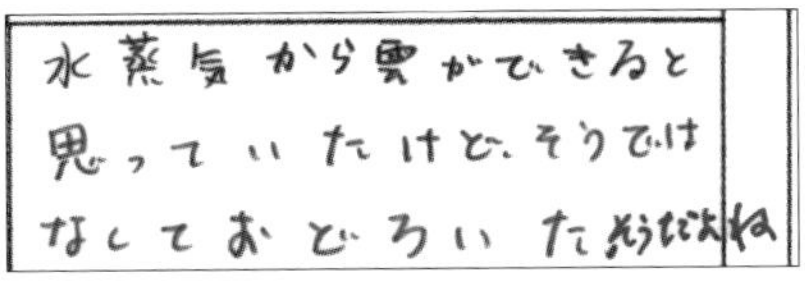

水蒸気から雲ができると思っていたけど、そうではなくておどろいた。ようだよね

図2 生徒Cの学習履歴（第1時）

② 手立て2の検証

図3の「びっくりした」という記述から、手立て2の水蒸気が水滴に変化する様子を、実感を伴って観察したことがわかる。

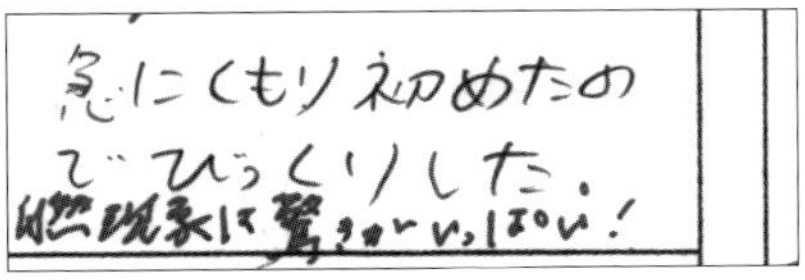

急にくもり初めたのでびっくりした。燃焼現象に驚きがいっぱい！

図3 生徒Dの「考えたこと・感想」欄の記述（第2時）

③ 手立て3の検証

図4の記述から、手立て3の実験1の事象と飽和水蒸気量との関連付けがなされたことが読み取れる。

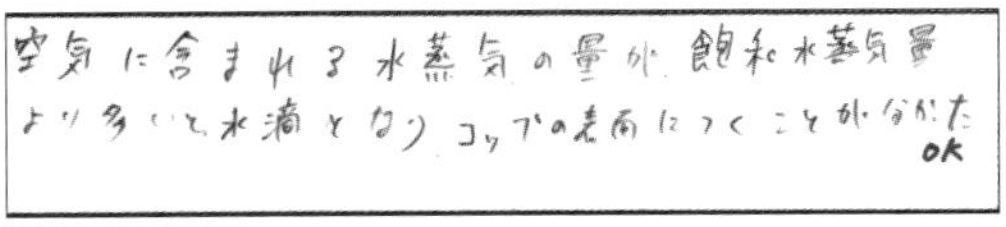

空気に含まれる水蒸気の量が、飽和水蒸気量より多いと水滴となり、コップの表面につくことが分かた OK

図4 生徒Eの学習履歴（第4時）

④ 手立て4の検証

1) 実験1の事象と「雲のできる仕組み」との関連性

図5の生徒Fは、実験1を行った後（第4時）、この実験が雲のでき方とどのように関係しているのかという疑問を自らもち、第6時にはその関連性に気付いたと、「考えたこと・感想」欄に記述している。すなわち、手立て4の実験1と「雲のできる仕組み」との関連性に気付いていると言える。

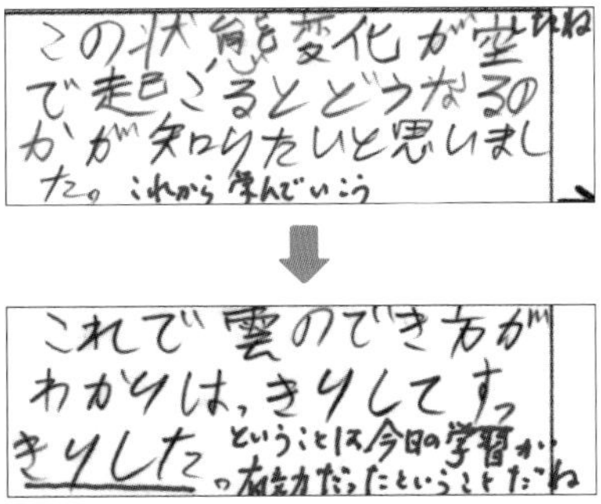

この状態変化が空気で起こるとどうなるのかが知りたいと思いました。これから学んでいう

これで雲のでき方がわかりはっきりしてすっきりした。ということは今日の学習が有効だったということだね

図5 生徒Fの「考えたこと・感想」欄の記述（第4時➡第6時）

2) 実験2の事象と「雲のできる仕組み」との関連性

図6の記述からは、空気を抜くと温度が下がることを理解していることが読み取れる。すなわち、手立て4の実験2と「雲のできる仕組み」とを関連付けていると言える。

以上の記述から、科学的概念を形成するための手立てが概ね有効だったことがうかがえる。

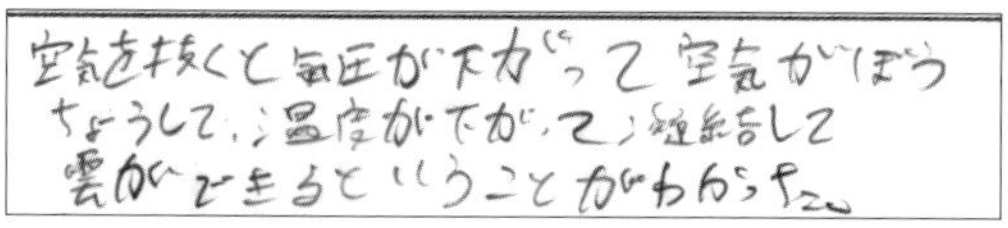

図6 生徒Dの「考えたこと・感想」欄の記述
　　（第5時）

このように、OPPシートは教師の手立てが有効かどうかを明らかにすることができるのである。

(2) 生徒の思考や認知過程を把握する

OPPシートの記述を見取ると、生徒がどのような思考や認知過程によって理解しているのか把握することができる。

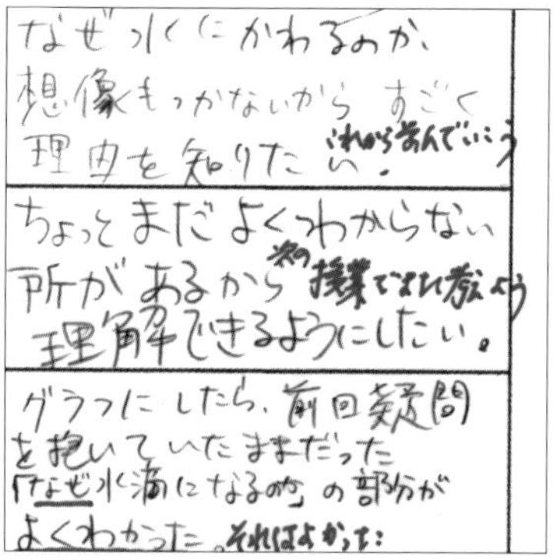

図7 生徒Gの「考えたこと・感想」
　　欄の記述（第1-3時）

図7の生徒Gは、なぜ水蒸気が水滴に変わるのかがわからなかったが、飽和水蒸気量と温度との関係をグラフに表したことによって、その理由がわかったと記述している。

このように、生徒の思考や認知過程を把握することが、授業を構築する上で多くの示唆を与えてくれる。また、一人一人の生徒の思考や認知過程を見取ることは授業者にとって大きな喜びであり、授業を行った実感をもつことができる。

今後はさらに、生徒が自らの思考や認知過程を認識できるよう、OPPシートへのコメントを工夫したり、授業中に声かけをしたりしていきたい。

(3) OPPシートの記述をもとに、どのように授業改善を行ったか

図8の生徒Hは、「考えたこと・感想」の欄に「空気が膨張すると温度が下がるのがなぜなのかが疑問だった」と記入していた。

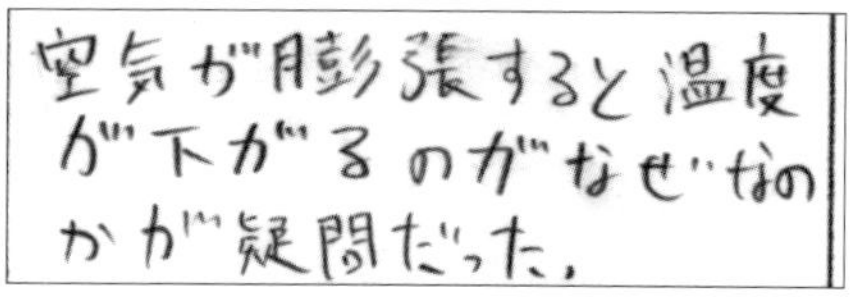

図8 生徒Hの「考えたこと・感想」欄
　　の記述（第7時）

この断熱膨張による現象は中学校では学習内容に含まれていない。ある教科書には「水蒸気をふくむ空気のかたまりが上昇すると、上空の気圧が低いために膨張して温度が下がる」としか書かれていない。

しかし、この現象は雲ができる仕組みを考える上で大切な現象である。この生徒と同じように、どうして空気が膨張すると温度が下がるのかについて疑問にもった生徒が数人いた。これらの生徒は、雲のできる仕組みについて深く考えていることがわかる。次の授業では、この現象を取り上げて説明をした。

このようにOPPシートを使うことで、教師が一方的に授業を進めるのではなく、生徒の疑問を取り上げて授業を展開するなど、生徒と授業者が双方向性をもって授業をつくることができる。

(4) 生徒の誤った認識を授業で修正する

気温と湿度との関連性についての授業を行った際、生徒Iの学習履歴を見てみると、図9のような記述があった。

空気中の水蒸気量が変わらなければ、気温が上がると飽和水蒸気量が大きくなることによって、湿度は低くなる。しかし生徒Iは、湿度が変わることによって気温が変わると考えていた。

> 湿度が低いと気温が高くなる。
> （気温と湿度は逆。）　　　?

図9　生徒Iの学習履歴（第6時）

　これは誤った理解である。そこで、次の授業では、気温、飽和水蒸気量、湿度の関係を再度学ぶ機会を設けた。

　このようにOPPシートの見取りによって、生徒の誤った認識を修正することができる。なお、学習履歴に書く教師のコメントによって修正を図ることもできる。

(5) 授業力を高めることができる OPPシート

　OPPシートの学習履歴欄には、授業評価につながる内容が数多く含まれている。それを教師がどう読み取り、どう授業改善に生かすかが重要である。

　OPPシートを使い続けていると、その「読み取る力」や「授業改善に生かす力」が高まっていくことを感じる。つまり、OPPシートは授業力向上にもつながるのである。たった一枚の紙でありながら、たった一枚の紙であるからこそ、OPPシートは生徒も教師も成長させてくれる。

4　学習後の「本質的な問い」と「自己評価」による授業の総括（総括的評価）

　これまで、OPPシートの記述を見取りながら、どのように授業をつくり、どのように授業評価を行ってきたのかを述べてきた。

　学習後の「本質的な問い」への回答や自己評価欄からも、多くのことが読み取れる。学習によって素朴概念がどう変わったのか、変わったことについて生徒はどう思っているのか、どのような手立てが有効だったのかなど、学習後の記述から読み取れるものを次に述べていく。

(1) 学習後の「本質的な問い」の記述から明らかになったこと

　学習後の「本質的な問い」への回答について分析した。

　なお、雲のできる仕組みについて、次の（ⅰ）から（ⅴ）の内容が記述されていれば、科学的概念「雲のできる仕組み」が形成できたと判断した。

　「（ⅰ）空気が上昇すると、（ⅱ）上空の気圧が低いために空気は膨張し、（ⅲ）空気の温度が下がる。（ⅳ）その温度が露点に達し、凝結する。

（ⅴ）その凝結した水滴の集まりが雲である。」

　学習前は雲のできる仕組みについて正しく理解している生徒は一人もいなかった。しかし、学習後は84人中56人（全体の66.7%）の生徒が論理立てて、上記の（ⅰ）から（ⅴ）の内容をすべて記述したり図に表したりすることができた。これらの生徒は雲のできる仕組みに関する科学的概念が形成されたと思われる。

　また、（ⅰ）～（ⅴ）のうち、一項目だけ記述できなかった生徒を含めると、65人（全体の77.4%）の生徒が4項目以上を記述することができた。一項目も記述できなかった生徒はいなかった。

　このことから、本実践は「雲のできる仕組み」に関する科学的概念を形成する上で有効だったと考えられる。

　なお、生徒の記述の中には上記の（ⅰ）～（ⅴ）以外に、上昇気流が発生する理由、温度が下がると飽和水蒸気量が低下し空気が含んでいる水蒸気が飽和状態になることなどを記述した生徒が多数いた。

⑵自己評価の記述から明らかに
　　なったこと

　単元の学習が終わった後の自己評価を分析し、次の項目ごとに生徒の記述をまとめた。

①認知面の記述について

1）学習によって理解できたことについて

「雲は空気中の水蒸気が上昇し、気圧が低くなり温度が下がって冷やされ、凝結して水滴になったものであることがわかった」

「空気にも飽和状態があることがわかった」

「この授業の中で空気が水蒸気を含むことのできる量には限度があることを知った」

「なんで水滴が雲になるのに（雨として）降ってこないのかなど、疑問があったが、それも分かりよかった」

　以上のように、理解できた内容を多くの生徒が記述していた。

2）自然を見る見方や考え方の変容について

「普段雲のことを考えることなんてなかったので、雲を見るときの考え方が変わった」

「雲を見たときの第一印象が変わった」

　自然を見る見方や考え方の変容に関する記述も多く見られた。

3）学習内容を理解する上での図や表の有効性について

　自己評価欄に「図やグラフは謎を解くうえで必須だと強く思った」という記述があった。

　ここで言う図とは、雲のでき方の模式図のこと、またグラフとは飽和水蒸気量の曲線のことを指している。「雲のできる仕組み」の学習を通して、科学を探究する上で図やグラフの有効性に生徒自らが気付くことができた。

　このことは、資質・能力の「知識及び技能」の育成に通じることではないかと思われる。

②情意面の記述について

「理科や科学は根拠があって成り立つ分野なの

で、より科学的な思考や視点で気象について学習できてよかった」

「毎日当たり前のように見ている雲だが、こんな過程でできていることを知り、とてもすごいと思った」

「日常的に雲のことなどあまり興味がなかったが、でき方などを学び、雲のことにだんだん興味がでてきた」

「今回の学習で雲について興味もわいたし、科学ってすごいなあと改めて感じた」

　このように、情意面に関わる記述も多く見られた。

　本実践によって、生徒が学ぶことの楽しさを感じていることがうかがえる。このことは資質・能力の「学びに向かう力」の育成につながると思われる。

⑶生徒の思考に沿った授業構成だったか

　科学的概念を形成するためには、生徒の思考に沿った授業を行うことが有効であると考える。学習後の「本質的な問い」への回答と自己評価欄の記述を読み取ると、本実践では、生徒の思考に沿った授業が概ねできたと言えるのではないかと思われる。

　また、生徒の思考に沿った授業を行うことは、ヴィゴツキーの言う「発達の最近接領域」に働きかけることにもつながると考えられる。

　このように、授業が生徒の思考に沿ったものになっているかどうかを、OPPシートによって見取ることができる。

⑷学び続ける力を付ける

　教育の目標の一つは、学校教育を終えても、一人で学び続けることのできる力を育てることとも言われている。

　本実践の自己評価欄には、次のような記述も見られた。

「（雲ができる）現象は、身近なものでも行われていることが分かり、とても日常生活が楽しくなる授業内容だったと思いました。これから

も一つ一つの現象について自分で考えていく生活をしていきたいと思った」

「これからの生活で天気や様々な自然現象にかかわることは多いと思いますが、自分がその現象に対して納得し、説明できるようになるまで追求してみたいと思うようになった」

これらの生徒は、これからも学び続けていこうとする気持ちを高めているのではないかと思われる。

このように生徒の自己評価から、どのように学びを広げていこうとしているのかも読み取ることができる。

⑤ 生徒も教師も学びを実感！

自己評価欄に、「コップの外側に水がつく原理など、身近なところにも科学的現象が見られることを知った。科学は遠いものではなく身近な現象だと知ったら、科学に対する意欲が上がった」と書いた生徒がいた（p.69「OPPシートの構成」の自己評価欄を参照）。

この生徒は、まさに学んだことの成果を実感しているのだろう。

このように、OPPシートを使うことによって、生徒は学んだことを実感できる。

また、学習後の「本質的な問い」への回答や自己評価欄の記述からは、生徒が科学的概念を形成できたと感じられたり、自然現象に興味・関心が高まったことを感じられたりするなど、生徒の変容を読み取ることができる。このことは教師にとって最大の喜びである。

OPPシートによって、生徒も教師も学びを実感することができるのである。

4 OPPシートを使えば慣性は難しくない!

素朴概念から慣性概念の獲得までを見取る

慣性は「当たり前の現象」と認識されて、慣性概念を形成するのは困難だと思われてきた。しかし、OPPシートで生徒の素朴概念を把握し、教師の働きかけに対してどのように考えたのかを見取れば、けっして難しくはないことを証明できた。

① やはり慣性を認識している生徒はいないけど、慣性について自分なりの感覚はもっているみたいだな

② 慣性を実感できるような一貫性のある実験をいくつか提示しよう。共通する原理を見いだしたら、慣性概念の形成につながるぞ

③ 素早く引っ張ると下の糸だけ切れるのはなぜだろう?

④ 「ジェットコースターも同じ感じ」か…この生徒は経験と関連付けて捉えられているな。いいぞ

OPPAを通した教師の変容

Before

学習前の生徒の慣性に関する知識や考えを把握することができず、学習後にどの程度慣性概念が形成されたのかもわからなかった。私にとって生徒の思考と認知過程は、まさにブラックボックスだった。

After

学習前の生徒の慣性に関する知識や考えを把握し、それを踏まえた授業過程を構築することができた。学習後には、どの程度慣性概念が形成されたのか、またどのような思考と認知過程によって慣性概念が形成されたのかを垣間見ることができた。OPPシートはまるでMRIのようだ!

OPPシートの構成

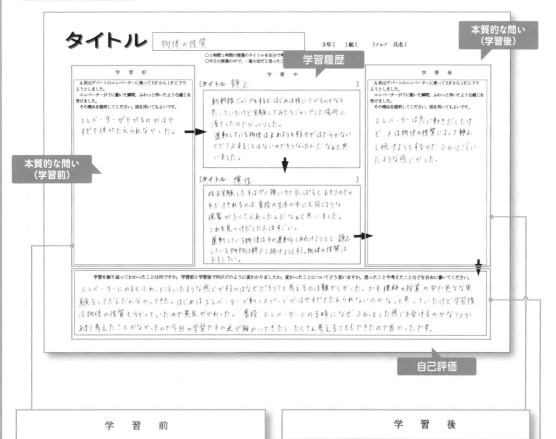

本質的な問い（学習後）

学習履歴

タイトル [物体の性質]　3年（　）組（　）グループ 氏名（

○1時間1時間の授業のタイトルを自分で
○今日の授業の中で、一番大切だと思った

本質的な問い（学習前）

学 習 前

　A君はデパートのエレベーターに乗って5Fから1Fに下りようとしました。
　エレベーターが下に動いた瞬間，ふわっと浮いたような感じを受けました。
　その理由を説明してください。図を用いてもよいです。

エレベーターが下がるのがはや
すぎて体がたえられなかった。

学 習 後

　A君はデパートのエレベーターに乗って5Fから1Fに下りようとしました。
　エレベーターが下に動いた瞬間，ふわっと浮いたような感じを受けました。
　その理由を説明してください。図を用いてもよいです。

エレベーターは急に動きだしたけ
ど、人は物体の性質によって静止
し続けようとするので、ふわっと浮い
たような感じがした。

自己評価

学習を振り返ってわかったことは何ですか。学習前と学習後で何がどのように変わりましたか。変わったことについてどう思いますか。思ったことや考えたことなどを自由に書いてください。

エレベーターにのるとふわっと浮いたような感じがするのはなぜだろうと考えるのは難しかった。でも理科の授業の中で色々な実
験をしてだんだん分かってきた。はじめはエレベーターが動くスピードがはやすぎてたえられないのかな。と思っていたけど学習後
は物体の性質も分かっていたので意見がかわった。普段、エレベーターにのる時になぜふわっとした感じを受けるのかな？とか
あまり考えたことがなかったので今回の学習でその謎が解めいできたし、たくさん考えることもできたので良かったです。

実践編

3年「慣性」

指導目標

● 慣性概念を形成し、身近な現象を慣性によって起こるものだと認識できるようにする。

学習の流れ　※はOPPシートから教師が気付いたこと

時数		学習内容
		● OPPシートの「本質的な問い」に回答する。 ※感覚的に慣性を捉えている生徒が数人いた。 　➡ **1**「エレベーターが下に動くと、ふわっと浮く感じがするのはなぜ？」 　➡ **2**慣性概念を形成することの難しさ 　➡ **3**OPPシートの記述から構築した授業過程 　➡ **4**慣性概念の形成に有効な手立て ● 事象4を意識化させるために事前調査を行う。
1	運動物体における慣性	ア　事象1（慣性単元の導入として）「走行している車からボールを投げ上げるとボールはどこに落下するか」について予想➡演示実験 ※ボールが車に戻ってきたことに驚きを感じていた。 イ　事象2「だるま落としの乗った台車が急停止するとだるまはどうなるか」について 　　予想➡話し合い➡実験（個人）➡考察（個➡グループ➡クラス） ウ　事象3「走行している新幹線の中でジャンプするとどこに落下するか」について考え、 　　発表。（身近な現象への適用を図る） ※車両が急に止まったらどうなるかを考えた生徒が数人いた。
2	静止物体における慣性	ア　事象4「おもりの上下に糸が結び付けられており、上の糸はスタンドにくくりつけてある。 　　下の糸だけを真下に引っ張って、おもりの下の糸だけを切るには 　　どう引っ張ったらよいか」についての個人実験 　①自分の考えで引っ張ってみる　②下の糸だけを切る方法を模索する 　（質量の大きいおもりと小さいおもりを使うと、質量が大きいおもりは動こうとしない 　ことから、「慣性」がより実感できる。） ※素早く引っ張ると下の糸が切れることに楽しさを感じている。 イ　事象4「素早く引っ張ると下の糸だけが切れる理由の探究 　　個➡グループ➡クラス ウ　身近な現象の中で事象4と同じ原理によって起こる現象の想起・発表 　（慣性概念の身近な現象への適用を図る） 　　慣性によって起こる現象が身近にあることを知り、面白いと感じている。 エ　事象1〜4が起こる原理の共通性の探究　個➡グループ➡クラス ※共通の原理を理解したことにより、「エレベーターの現象」が理解できた生徒が多数いた。 オ　事象1〜4を起こさせる物体の性質の名称（慣性）の提示
		● OPPシートの「本質的な問い」に回答する。 ● 自己評価欄を記入し、単元のタイトルを考える。 ※授業過程が、慣性概念形成に有効であったことがうかがえた。 　➡ **5**タイプVIの授業過程でOPPシートから見取った内容 　➡ **6**教育に革命を起こしたOPPシート

1 「本質的な問い」の設定
「エレベーターが下に動くと、ふわっと浮く感じがするのはなぜ？」

　本実践では、慣性概念を身近な事象に適用できるようにすることをねらいとしている。そこで、「本質的な問い」を「エレベーターが下に動くと、ふわっと浮く感じがするのはなぜ？」と設定した。生徒の実態を踏まえ、シチュエーションをより想像しやすいようにするため、

OPPシートには「A君はデパートのエレベーターに乗って5Fから1Fに降りようとしました。エレベーターが下に動いた瞬間、ふわっと浮いたような感じを受けました。その理由を説明してください。図を使ってもよいです」と表現した。

生徒A

学習前

学 習 前

　A君はデパートのエレベーターに乗って5Fから1Fに下りようとしました。
　エレベーターが下に動いた瞬間，ふわっと浮いたような感じを受けました。
　その理由を説明してください。図を用いてもよいです。

自分が自ら意識して下に動いたわけじゃなくて自動的に下にいって、しゅんビックリしたからまたは内蔵のどこかが下に降りたのに上のまんましばらくすると戻ったからフワットきた

学習後

学 習 後

　A君はデパートのエレベーターに乗って5Fから1Fに下りようとしました。
　エレベーターが下に動いた瞬間，ふわっと浮いたような感じを受けました。
　その理由を説明してください。図を用いてもよいです。

A君がエレベーターにのり下に降りた瞬間、A君は慣性からその場に静止し続けようとして浮いたような感じになった。

生徒B

学 習 前

　A君はデパートのエレベーターに乗って5Fから1Fに下りようとしました。
　エレベーターが下に動いた瞬間，ふわっと浮いたような感じを受けました。
　その理由を説明してください。図を用いてもよいです。

エレベーターが下に動き始めたときは、まだその力が自分には働いていない。そのため、今までいた場所に一瞬とりのこされる。その後に体はエレベーターに追いつく。力が上にはたらくように感じることで、浮いたような感じを受ける。極端にやるとこうなる。

学 習 前

　A君はデパートのエレベーターに乗って5Fから1Fに下りようとしました。
　エレベーターが下に動いた瞬間，ふわっと浮いたような感じを受けました。
　その理由を説明してください。図を用いてもよいです。

エレベーターが下に動き始めたときは、まだその力が自分には働いていない。そのため、今までいた場所に一瞬とりのこされる。その後に体はエレベーターに追いつく。力が上にはたらくように感じることで、浮いたような感じを受ける。極端にやるとこうなる。

図1 生徒A、生徒Bの学習前・後の「本質的な問い」に対する回答

2 慣性概念を形成することの難しさ

物体は慣性という性質をもっており、その慣性による現象の中で私たちは生活している。

しかし、その現象を慣性によって起こっているとは認識できないことが多い。

例えば、等速直線運動で走行しているリニアモーターカーの中で、ある物体が手から離れると、その物体は車内のその場所に落下する。これは物体のもつ慣性という性質によるものであるが、多くの人はこの現象を「当たり前のこと」と捉えて、理由までは考えない。

自然界では「慣性の法則」が運動の基盤となっているため、ニュートンはこれを「運動の第1法則」にしたのだと思われる。

「慣性の法則」はこのように重要な法則であ

りながら、「当たり前の現象」と認識されがちなため、生徒に慣性概念を形成することはとても難しい。

投げたボールに働く力を慣性の学習後に問うても、一定数の生徒は進行方向に力が働いていると考えてしまう。このような状況があるにもかかわらず、教科書の指導書では「慣性」を1時間程度で教える計画である。

どのような手立てを講じたら、生徒に慣性概念を形成できるだろうかという思いから、20年あまりにわたって、OPPシートで生徒の思考や認知過程を見取りながら、さらに有効な授業過程を目指してきた。

3 OPPシートの記述から構築した授業過程

表1　改良を重ねてきた慣性の授業過程

タイプ	改良 タイプI ➡	改良 タイプII ➡	改良 タイプIII ➡	改良 タイプIV ➡	改良 タイプV ➡	タイプVI
方法	OPPシートによる見取り					
(1) 授業過程	教え込む授業過程	既有の知識や考えを組み替えるなどして概念形成を図ることを意図した授業過程				
(2) 授業構成	トップダウン	ボトムアップ				
(3) 特徴	教師用指導書に基づいた授業	多くの事象を提示	有効な事象に絞って提示	慣性そのものを実感できる事象を生徒が実験	タイプIIIとIVの成果を生かした授業過程	● 定式化を目指した授業過程 ● p.66 「学習の流れ」参照
(4) 授業時数	1時間	4.5時間	2時間	3時間	2時間	2時間
(5) 静止物体・運動物体の慣性	同時に考えさせる	静止物体における慣性を学んだ後、運動物体における慣性を学ぶ				運動物体における慣性を最初に学ぶ
(6) 有効性	考えを混乱させる可能性がある	タイプIよりかなり有効性が高い	タイプIIよりかなり有効性が高い	非常に高い	非常に高い	最も高い

慣性概念を形成するためには、どのような教材を提示し、どのような授業過程を構築すればよいのだろうか。

授業過程の有効だった点、改善を要する点が何なのかは、OPPシートの記述から判断できる。

タイプⅠからタイプⅥの授業過程を実践したうち、本実践の授業過程はタイプⅥのものである。タイプⅥの授業過程は、タイプⅠ～タイプⅤの授業過程を踏まえ、慣性概念形成のための定式化を目指して構築した授業過程である。タイプⅥの授業過程でOPPシートを見取った結果、慣性概念形成の上で最も高い有効性を示した。

前ページの表1はタイプⅠ～タイプⅥの授業過程の特徴などをまとめたものである。

❹ 慣性概念の形成に有効な手立て

OPPシートを活用しながら、タイプⅠ～タイプⅥの授業を実施する中で明らかになった慣性概念の形成に有効な手立ては次の7点であった。

手立て1：素朴概念を深化・拡充・修正・組み替え・転換したりする

そのためには、具体的に次の点が求められる。

①自らの既有の知識や考えに不適切な面があることを、特に「単元の導入」で自覚させ、新しい概念を受け入れる構えをつくる。

②OPPシートで生徒の思考を見取り、生徒の思考に沿った働きかけをする。

このことはヴィゴツキーの言う「発達の最近接領域」に働きかけることが有効であるということにつながると考える。

③学習前に見取った生徒の慣性についての感覚を引き出しながら授業を行う。

手立て2：有効な教材を提示する

これまでの実践から次の条件を満たす教材が有効であると思われる。

①学んだことが適用できるように、一貫性があり構造化されている教材

②慣性概念の内容を含み、慣性そのものを実感できる教材

慣性そのものを実感できる教材を生徒自らが行うことによって、その実感にいつでも立ち返ることができるようにする。

③生徒が熱中できる教材

手立て3：提示した現象において共通の原理である物体のもつ性質に気付かせた後、その性質が「慣性」であると提示する

その際、斜面を下る運動を思い起こさせるなど、進行方向に力が働くと物体は加速すること、また、慣性は力ではなく物体のもつ性質であることを理解できるようにする。

手立て4：意識化された課題を授業で検証する

授業で提示する事象を事前に考えさせることによって、課題を意識化し、課題内容を検証しようとする意欲を喚起する。

手立て5：運動物体における慣性を理解した後、その考えを適用させて静止物体における慣性を考える

手立て6：討論を効果的に取り入れる

手立て7：形成された慣性概念を身近に起こる現象に適用させて考える

5 タイプⅥの授業過程でOPPシートから見取った内容

OPPシートの記述を何度も読み直し、生徒がどのように慣性について考えたのかを見取った。見取れば見取るほど、慣性概念形成に関する多くのことに気付かされた。このことから、教師が生徒の記述を読み取る力を付ける必要性を感じた。

OPPシートの記述を読み取り、慣性について、また慣性概念の形成について明らかになったことを次にまとめる。

(1)学習前の「本質的な問い」に対する回答から明らかになったこと—手立て１に関連して

学習前、「本質的な問い」に対して、科学的に回答した生徒は28人中誰もいなかった。

一方、28人中５名が「(エレベーターが) 落ちるスピードに人がついていけないから」などと慣性についての感覚をもっているのではないかと思われる記述があった。

このことは、「生徒は学習前から慣性についての自分なりの考えや感覚をもっている」ことを表している。このような感覚をもっている生徒がいることを踏まえ、その感覚を引き出しながら授業を行うことが慣性概念形成の上で有効であると思われる。

(2)学習前、生徒は慣性によって起こる現象をどのように捉えているのか—手立て１に関連して

学習前に生徒が慣性についてどのように捉えているのかをOPPシートの記述から読み取ることができる。図２の生徒Cのように、エレベーターが降下する際、体が浮く感覚を体験した生徒は多くいた。しかし、その理由まではわからず、「不思議に思った」などと記述していたことから、なぜこのような現象が起こるのか知りたいと思っていたことがうかがえる。このようにOPPシートに記述することによって疑問が自覚化され、その理由を知りたいという生徒の気持ちが引き出されると思われる。

> エレベーターにのっている時に、なんで浮いたような感じになるんだろう？と不思議にずっと思っていた

図２ 生徒Cの自己評価

(3)単元の導入で行った事象１「走行している車からボールを投げ上げるとボールはどこに落下するか」の有効性について—手立て１に関連して

図３の生徒Dのように、事象１の結果を驚いたと記述した生徒が数人いた。これらの生徒は自分の予想と事実が異なったので、驚いたと思われる。この記述から、4の手立て１で述べたように、素朴概念に不適切な面があることを自覚させることができ、新しい概念を取り入れる構えができたのではないかと思われる。

> 最初、車とボールを使った実験を行って、ボールが車の中にもどってきて、とても驚きました。

図３ 生徒Dの学習履歴（第1時）

⑷身近な自然現象との関連性を
考えている生徒
―手立て7に関連して

自己評価欄の感想に次のような記述をした生徒がいた。

「ジェットコースターも同じ感じなのかなあと思った。今までエレベーターでふわっとするのは疑問だったけど、(物体の)性質が原因だとわかった」

本実践で学んだことと、自らの経験を関連付けて考えることができていることがうかがえる。

⑸授業者の想像を超える事象を考えた
生徒
―手立て7に関連して

生徒Eは、自己評価欄に図4のように記述した。

生徒Eは慣性を理解した上で、慣性に興味をもち、いろいろな身近な現象を頭に巡らしたのだと思われる。このように考えた生徒は何人かいた。教師の想像を超えて、考えを広げることができた生徒がいたことは大きな喜びであった。

図4 生徒Eの自己評価

⑹自分の思考や認知過程を
認識していると思われる生徒

生徒の記述を見取ると、生徒自らが自分の思考や認知過程について記述し、自分の思考や認知過程を認識していると思われる記述が見られる。その例を三つ紹介する。

①提示した実験と物体のもっている
性質とを関連付けて考えた例

図5は生徒Fの自己評価の記述である。

生徒Fは学習前の「本質的な問い」に対して、理由はわからないが興味・関心をもったことがうかがえる。

実験を通して「物体は今行っている運動を保とうとする性質がある」と理解したことを「エレベーター」の問題に適用し、「エレベーター」の問題の原理が理解できたと記述している。

このことから、どのように原理が理解できた

のか、自分の思考や認知過程を把握している様子がうかがえる。

②運動物体における慣性と静止物体に
おける慣性との共通の性質がわかった
ことで、自然現象の原理を理解した例
―手立て3に関連して

図6は、生徒Gの2時間分の学習履歴である。

1時間目では、「物体には今までの運動をし続けようとする性質がある」ことを理解したが、「エレベーター」の問いは説明できなかった。

2時間目では、静止物体における慣性について理解し、1時間目に学んだ運動物体における慣性と静止物体における慣性についての共通性である「物体は今の状態を維持しようとする性質がある」ことに気付いたことでエレベーター現象を説明することができたと述べている。

学習前エレベーターで一瞬浮いた理由がわからず、
なぜそうなるのかと疑問を覚えた。
車の実験、おもりを使った糸Bだけを切る実験をやり、
運動している物体はその運動をし続け、静止している物体は
その運動（静止）をし続けようとする慣性という性質をもっていることが
わかったとき、『あっ！』この前のエレベーターのことだと思った。
学習後はこれらの実験を通して、エレベーターが急に下がったとき
一瞬浮くような感じを受けたことの説明ができるようになった。
物体にはそのような性質があると全然知らなかったけど、
今回のことを通して疑問が消え、理解できたのでよかった。

図5 生徒Fの自己評価

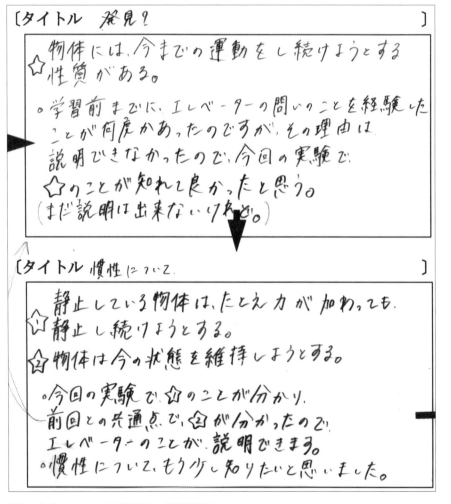

図6 生徒Gの1・2時間目の学習履歴

4の手立て3に述べたように、いくつかの現象に共通する物体のもつ性質（慣性）を理解したことが、「エレベーターの問題」を理解でき

た要因であるということを認識していることがうかがえる。

(6) ①、②で述べてきたように、これらの

生徒は自分がどのように慣性を理解したのか、その思考や認知過程を認識していると思われる。これは、OPPシートに自分の考えを外化したことによって可能になったことなので、OPPシートを活用することは、生徒のメタ認知能力を高めることにつながると言える。

⑺学習後、慣性概念は形成されたのか

図7のように、「エレベーターが下に動いた瞬間、ふわっと浮いたような感じを受けた」のは、物体のもっている慣性という性質によると学習後記述した生徒が28人中26人（約93％）いた。

このことは、タイプⅥの授業過程が慣性概念

形成に有効であることを物語っている。

このようにOPPシートの学習後の問いを見取ると、構築した授業過程がどの程度有効だったのかを判断することができる。

A君はデパートのエレベーターに乗って5Fから1Fに下りようとしました。
エレベーターが下に動いた瞬間，ふわっと浮いたような感じを受けました。
その理由を説明してください。図を用いてもよいです。

A君の体は、止まっているので静止し続けようとする。
それに対し、エレベーターは下に動くので、ふわっとした感じを受ける。

図7 生徒Gの学習後の「本質的な問い」に対する回答

6 教育に革命を起こしたOPPシート

生徒の思考や認知過程は外からではわからないのでブラックボックスであると言われる。

科学的概念を形成するために、教師が把握したいことは、「学習前の生徒の慣性に関する知識や考え（素朴概念）」「授業によってその素朴概念がどのように変化したのか」という2点である。その2点は教師が経験を積めば把握できるというものではないことは、この40年間の理科教師としての経験の中で悟ったことの一つである。

OPPシートを使ってみると、上記の2点の内容を把握することができるようになった。

さらに、タイプⅠからタイプⅤの授業過程で使用したOPPシートの記述を見取り、授業改善を続けてきた。生徒の記述の中には、授業改善のためのヒントが散りばめられているからである。

OPPシートなくして授業改善はできないと

いうのが20年間OPPシートを使ってきた私の結論である。私にとって、OPPシートはまさにMRIのような存在である。

また、本稿を執筆する上で生徒の記述を改めて何度も読み返した。その度に新たな気付きがあった。生徒がどのように考えているのかがわかるため、OPPシートの記述を読むことは私にとってはこの上ない楽しみである。

さらに今回のように科学的概念が形成されたであろうと感じられたときは、教師としての幸せを感じることができる。教師としての私にとって、OPPシートはもはやなくてはならない存在と言える。

生徒にとっても、自分の思考や認知過程が可視化されるOPPシートは、学ぶことの楽しさをもたらす。

OPPシートは教育に革命を起こしたのである。

5 自己評価によるメタ認知の育成

OPPシートは「学びの足跡」

生徒一人一人にとって、自分なりの「学びの足跡」となるのがOPPシート。生徒が自らの学びを振り返り、自己評価することによって、メタ認知の育成につながることを実感した。

OPPAを通した教師の変容

Before

学習前の生徒の実態や、授業を通して生徒が何を学び、どう感じたのかということを把握していなかった。教材や指導方法に目を向けるばかりで、生徒を置き去りにした一方的な授業をしていたことに気が付き、何とかこの状況を脱したいという気持ちで、OPPシートを活用し始めた。

After

OPPシートは、生徒の考えが自分なりの言葉で記録された、いわば「学びの足跡」。それをもとに、生徒の実態に合わせた授業改善に取り組むことができた。さらに、生徒が自分自身の学びを振り返り、「自己評価」を行うことが、メタ認知の育成につながった。

OPPシートの構成

【物質】化学変化と原子・分子

第2章　さまざまな化学変化
第3章　化学変化と物質の質量

学習履歴表　OPPシート

年　　組　　番　名前

表

三つ折りを開くと

本質的な問い
（学習前）

学習履歴表　OPPシート　　　年　　組　　番　氏名

【学習前】物質とは何か。

本質的な問い
（学習後）

学習履歴

【学習後】物質とは何か。

学習前・中・後を振り返ってみて、あなたは何がわかりましたか？また、今回の勉強を通してあなたは、何がどのように変わりましたか、また変わりませんでしたか？そのことについてどう思いますか？気づいたことや感想でもいいので自由に書きましょう！！

君は何か
変わったかな？

自己評価

裏

2年「化学変化と原子・分子」

指導目標

● 化学変化を原子や分子のモデルと関連付けながら、物質の成り立ちや化学変化、化学変化と物質の質量の関係について理解するとともに、それらの観察、実験などに関する技能を身に付けるようにする。

● 化学変化について、見通しをもって解決する方法を立案して観察、実験などを行い、原子や分子と関連付けてその結果を分析して解釈し、化学変化における物質の変化やその量的な関係を見いだして表現することができるようにする。

● 物質の成り立ちや化学変化、その規則性について興味をもち、理科の見方・考え方を働かせながら、科学的に探究しようとする。

学習の流れ ※はOPPシートから教師が気付いたこと

時数	学習内容（化学変化と原子・分子の後半部分）
1	● 単元の後半に向けた、化学変化の導入 ● OPPシートの「本質的な問い」に回答する。 　➡ ■1「物質とは何か」 ※学習前の生徒の実態を教師が見取り、その後の単元の構想を練ることが「個別最適な学び」につながる第一歩なのではないだろうか。
2・3	● 鉄と硫黄が結び付くときの化学変化 　➡ ■2生徒一人一人の「学びの足跡」であるOPPシート ※生徒の学習状況を教師が見取り、すぐに授業改善に生かすことができる。
4・5	● 酸素が結び付くときの化学変化
6・7	● 酸化物から酸素が奪われる化学変化
8	● 化学変化と熱
9	● 化学変化の前後における質量の変化
10・11	● 物質どうしが結び付くときの質量の割合
12	● 単元全体のまとめ ● 学習後の「本質的な問い」と自己評価欄に記入する。 　➡ ■3自己評価が促すメタ認知 ※自分なりの学びを振り返り、自己評価を行うことが、メタ認知の育成や学ぶ意味、必然性の感得にもつながる。

1 「本質的な問い」の設定
「物質とは何か」

(1)「本質的な問い」の設定

本実践では、「本質的な問い」を「物質とは何か」に設定した。

中学校理科の粒子領域において、生徒は身の回りの物質の性質や変化（状態変化や化学変化）、目に見えない原子や分子、イオンに関する事物・現象について学習する。

様々な物質に関する事物・現象を扱うこの単元において、学習の根本的な部分を考えてみることが生徒の自由な考えを引き出すことにつながると考えた。また、生徒自身がそれまでに意識したことがないようなことを考えてみることが、新しい学習への興味・関心を高めるだろうと考えた。そして、生徒がこの単元全体を通し「物質そのもの」について、自分は何を知っているのか、どんな考えをもっているのか、学習後にはどのように考えが変わった（変わらなかった）のかを自己評価するとともに、教師がこれらを見取ることで、より効果的に生徒の実態に合わせた働きかけを行うことができると考えた。

本実践では、2年粒子領域の単元全体を前半と後半に分け、それに合わせて2枚のOPPシートを使用した。なお、「本質的な問い」は2枚とも「物質とは何か」とした。ここでは、単元の後半部分におけるOPPシートについて述べていきたい。

(2)学習前の生徒の姿

学習前の「本質的な問い」への回答には、新しい学習に向かう生徒の姿が表れる。

図1は、生徒A、Bの学習前の「本質的な問い」への回答を示したものである。生徒Aは、「本質的な問い」に対して「状態変化だけでなく化学変化もおこる」と記述していた。このことから、生徒Aは「物質の変化」が「本質的な問い」に迫るための鍵であると考えていたのではないかと推測できた。

また、生徒Bは、「本質的な問い」に対して「変化するもの」と記述しており、「物質そのもの」を「変化するもの」として捉えていたことがわかった。

当然のことながら、生徒の実態は一人一人異なる。今までは何となく生徒の実態を推測した上で授業を行っていたが、OPPシートを使用したことにより、生徒の内面が可視化され、より丁寧に生徒の実態を見つめることができるようになった。生徒のもつ素朴概念を教師が見取り、実態に合わせた単元や授業展開を構想していくことが「個別最適な学び」への第一歩だと感じた。

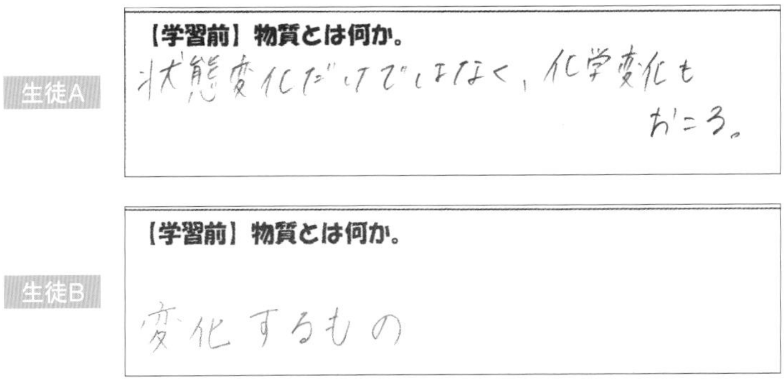

【学習前】物質とは何か。

生徒A　状態変化だけではなく、化学変化もおこる。

【学習前】物質とは何か。

生徒B　変化するもの

図1 生徒A、生徒Bの学習前の「本質的な問い」に対する回答

OPPシートの学習履歴欄には、生徒が考えた「一番大切だと思ったこと」を毎回記入する。そして、この活動を継続して行うことでOPPシートそのものが生徒一人一人にとって、自分なりの「学びの足跡」となっていく。

授業における教師のねらいはあったとしても、どの生徒にとってもそれが同じように伝わっているとは限らない。だからこそ、生徒自身が授業を通して学んだことや感じたこと、考えたことを「自分なり」に表現することが大切であると感じた。さらに教師は、それらを見取ることで生徒一人一人がどんな考えをもっているのかを見取ることができ、その後の授業に生かすことができたと実感した。

⑴教師の想定を超える生徒の学び

生徒のOPPシートへの記述に目を通していると、教師が想像している以上に生徒は様々なことを学び得ようとしていることに気付かされた。

図2は、生徒Aの学習履歴欄である。

この授業では、本格的な化学変化の導入段階として、身近な物質の化学変化について簡単な実験を行い、化学変化とはどういうものであるかを考えた。生徒Aは、この授業の「一番大切だと思ったこと」として「化学変化」とのみ記述していた。しかし、その隣の自由記述を見ると「『燃える』はある物質が酸素と結びつくから、

1つの物質だけでは燃えないんだなと分かりました」とあり、化学変化における「燃焼」に着目していることがわかる。後に詳しく学習するため、この授業では燃焼について簡単にしか取り上げなかったが、生徒にとってはそれが特に印象に残っていたということを教師は知ることができた。さらには化学変化に関わる物質の種類についても自分なりに考えていたことがわかり、とても驚かされた。

こうした教師の想定を超える生徒の学びを見取ることができたのも、OPPシートの存在があったからである。

⑵毎時間の生徒と教師の振り返り

学習履歴欄への記入は、生徒がその授業を振り返ってみて、どんなことを学んだのかを考え、何が一番大切なことであるかを選び出し、自分なりに表現するという活動である。すなわち、学習への価値付けを行うことであり、必然的にメタ認知を促すことができる。

しかし、ただOPPシートを生徒に書かせればよいというわけではなく、OPPシートに記述された内容を教師が見取り、それを踏まえて教師が生徒に対して働きかけを行うことで、生徒自身が自分の学びに気付くことができる。すなわち、授業を通して生徒と教師が互いに働きかけを行うことが、OPPシートの効果を高めていく上で非常に重要なことであると感じた。

図2 教師の想定を超える生徒Aの学び（第1時）

授業を通して生徒に効果的な働きかけを行うためには、教師が「生徒の実態」を的確に掴み、授業に生かすことが重要だと考えられる。すなわち、これが授業改善である。

図3は、生徒Aの学習履歴欄への記述を示したものである。5月27日の授業では、鉄と硫黄が結び付き、硫化鉄に変化することを確かめる実験を行った。生徒Aの自由記述には、「鉄と硫黄をまぜて加熱をすると、別の物質がでてきたことがわかりました。また、赤く燃えました」とあるものの、「一番大切だと思ったこと」には「鉄と硫黄の加熱」とのみ書かれていることから、実験の印象が強く残っていて、「化学変化」の理解には届いていないように感じた。

そのため、5月28日の授業では、鉄や硫黄の原子に着目した化学変化についての説明を補足しながらまとめを行った。すると、その日の自由記述には「化学変化は、物質が結びついたり、分解されることもあり、原子の組み合わせが変わる」とあり、化学変化に対する理解が深まっていたことを教師が見取ることができた。

「生徒の実態に合わせた授業」という言葉をよく聞くが、すなわちこれは「指導と評価の一体化」であり、授業を受けた生徒の状況を見ながら、根拠をもって授業を変えていく（改善していく）ことで、生徒に対する教師の働きかけがより効果的になるのではないかと感じた。

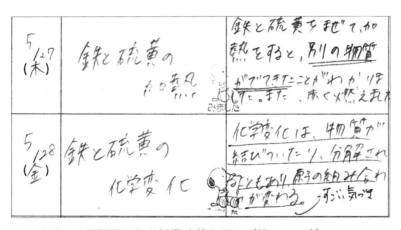

図3 生徒Aの学習履歴から授業改善を図る（第2・3時）

❸ 自己評価が促すメタ認知

単元の最後には、学習後の「本質的な問い」に回答するとともに、自己評価を記入する。

この自己評価欄では、「本質的な問い」への回答や学習履歴欄を含めたOPPシート全体についての振り返りを行う。つまり、生徒自身が「学びの足跡」を眺めてみるということである。OPPシートには、学習前、中、後のそれぞれの段階における自分の考えが書かれているため、学習に対して「よくできた」や「頑張った」と

いう情意面だけではなく、自分が「何を学んだのか」や「どう感じたのか」という学びに対する価値付けを行うことができる。

生徒自身が学習を通してどのように変化したのか（変化しなかったのか）を必然的に考えさせられることにより、メタ認知が促される。

OPPシートを活用している中で、次のような生徒の実態を見取ることができた。

(1) 学びの価値付けを行う生徒

　図4は、生徒Aの学習前と学習後の「本質的な問い」への回答と自己評価である。

　生徒Aの学習後の「本質的な問い」には、「状態変化、化学変化以外に、化学変化のときに熱が発生したり、吸収したりして吸熱反応、発熱反応なども起こる」と記述されていた。このことから教師は、生徒Aが単元の学習全体を通して一貫して「物質」と「様々な変化」の関わりに着目していたということを知ることができた。

　また、自己評価欄には、「最初は（中略）と思っていたけれど、学習をしていくうちに、（中略）ことが分かりました。学習後は、（中略）ことがわかりました」という時系列の記述がさ

れていたことから、学習を振り返りながら学習内容について価値付けを行っており、まさに自己評価がなされていたことがわかった。

　もちろん自己評価欄だけでなく、学習前と後の「本質的な問い」や学習履歴欄を含めたOPPシート全体の構造が、生徒にとってメタ認知を促す自己評価の活動につながっており、こうした活動を積み重ねていくことがとても大切なことであると感じた。

　さらに教師は、こうした思考の過程を見取り、生徒の自己評価に対して働きかけを行っていくことが、「学ぶ意味や必然性」の感得につながっていくのではないかと考えられる。

【学習前】物質とは何か。

状態変化だけではなく、化学変化もおこる。

【学習後】物質とは何か。

状態変化、化学変化以外に、化学変化のときに、熱が発生したり、吸収したりして、吸熱反応、発熱反応なども起こる。

学習前・中・後を振り返ってみて、あなたは何がわかりましたか？また、今回の勉強を通してあなたは、何がどのように変わりましたか、また変わりませんでしたか？そのことについてどう思いますか？
気づいたことや感想でもいいので自由に書きましょう！！

最初は化学変化、状態変化だけかと思っていたけれど、学習をしていくうちに、酸化、還元されたり、発熱反応、吸熱反応が起きたりすることが分かりました。学習後は、物質は「物」だけではなく、気体を発生させたり、状態を変化させたり、質量を変化させたり、比例の関係にしたりなど、さまざまなはたらきを持つものがあることがわかりました。

図4　生徒Aの学習前・後の「本質的な問い」への回答と自己評価

⑵「変わらなかった」という自己評価

図5は、生徒Bの学習前と後の「本質的な問い」への回答と自己評価である。

生徒Bは、学習前と後の「物質とは何か」という「本質的な問い」に対して「変化するもの」と同じ回答をしており、自己評価欄には「学習前と学習後では考えは変わらなかったけど、物質について色々知ることができました」と記述していた。このことから、生徒Bは自分の考えが「変わらなかった」ということを自覚した。

私は学習前と後の「本質的な問い」への記述を見たときに、生徒Bは授業を通してどのようなことを学んだのだろうかと考えてしまった。というのも、それまではOPPシートを活用しながら授業を進めていく中で、生徒が「どのように変化したのか」ばかりに目を向けることが多かった。それは授業を受けて新しいことを学んだのだから、生徒の考えは変わって当然だという発想があったからである。そのため、この生徒Bの「変わらなかった」という自己評価は、私にとってとても衝撃的なものであった。

さらに自己評価欄には「日常の生活の中でも化学変化が起こっていることを知りました」と記述されていて、「本質的な問い」だけではなく、自身の生活への振り返りも行っていることがわかる。

OPPシートは生徒一人一人にとって、自分なりの「学びの足跡」である。ここには、自分の学びへの価値付けや振り返りが表れる。これらを教師が見取り、生徒に働きかけを行うことで、メタ認知の育成に大きな効果が得られることを実感した。

図5 生徒Bの学習前・後の「本質的な問い」への回答と自己評価

6 国際バカロレア（IB）教育におけるOPPA

「IBの学習者像」を育成

国際バカロレア機構（International Baccalaureate Organization, 以下IBO）が
示す「IBの学習者像」を育成するためにはどうしたらよいか。その一つの方策とし
て、OPPAが有効であると実感した。

OPPAを通した教師の変容

Before

IB認定校に赴任して1年目。IBOが示す「IB
の学習者像」を、「指導の方法」や「学習
の方法」を用いて、どのように育成したら
よいのだろうかと日々悩んでいた。IBの教
育に関する資料を読んでいると、OPPAと
親和性が高そうだと感じ、生徒の実態を把
握するために使ってみようと考えた。

After

生徒の「学習としての評価（Assessment
as Learning）」を促すOPPAの効果により、
生徒が様々なことを考え、学習に取り組ん
でいることがわかった。さらに、「IBの学
習者像」が育っていることも見取ることが
できた。IB認定校に赴任して不安でいっぱ
いだったが、OPPAのおかげで安心して授
業に取り組めた。

OPPシートの構成

| Unit Title | 最新技術と人類の発展 | Group　　Name | **本質的な問い（学習前）** |

【学習前】
科学技術は人類を幸せにするだろうか？

・科学技術は人々を幸せにする。
→人々の暮らしをより便利にすることが出来るから。

戦争に使われる
争いにつながる

Term	Date	今日の授業で1番大切だと思ったこと	感想や疑問など自由に記述してください。
1	2/7	・放射線は、私たちの生活を、医療や工業など様々な分野が私たちの暮らしを豊かにしている。 ・一方でたくさんあびると害になる等のデメリットもある。	沢山のメリットがある反面、大きなデメリットがあるということを例を用いてしっかりと理解することができた。デメリットを開示することで、効果的に放射線を活用する方法があるのか気になった。
2		人によって価値観や立場がちがうため、互いに意見が対立する。	相手の立場を考えながらメリット・デメリットを証明し自分の意見を説明するのが良かった。政治家として地元住民の説得に成功していましたね
3			**学習履歴**
4		自分が新しく学んだ事を他の人に、今ある知識を交えて説明するためには、新しく学んだことを確実に理解しておく必要がある。	どうしたら分かりやすく物事を説明することができるのか図を用いて視覚的に見やすいスライドを作ることができたので、児童の授業でしっかりと紹介したい！ いいね！
5		人工光合成の現在研究のをちゅうで私たちの生活で実用化していくにはコストやさまざまな問題を解決していく必要がある。	今日の授業でスライドを作り終えることができたので、発表までに練習をすることが何よりだと説明をした。光合成に関する"炭水化物合成"という部分が少し分からなかった
6		非言語コミュニケーションを積極的に活用していくことが大切。	自分が調べていないことをはじめて難しく感じたので、非言語コミュニケーションを活用して分かりやすく説明できるようにしたいと思った。
7		文字の大きさやスライドの色合い、デザイン等の視覚的な要素が受け手の理解へ大きな影響をおよぼす。	今日の発表ができなかったので、たくさん練習して良い発表とできるように頑張りたい。 たくさん発表をみあって、発表が楽しみです！
8		アイコンタクトがジェスチャーが大切。	発表の際にきん張してしまって原稿を見すぎてしまったのでさらに練習が必要だったと感じた。（反省点） 次の同じような機会に反省を活かそう!!
9		自分の苦手な部分を可視化して終わりではなく、復習することが大切。	テストを受けてみて"基礎"の部分が高めていることや分かってないことがたくさんあり苦手な部分を気づけたので、復習の中に入れたいと思いました。
10		忘れていることをくり返し復習することで、より知識としての着工さまる。	スマホやインターネットを活用して、基礎を固めだし理解したがることができた。まだ分からないことがたくさんあるので、様々なものを活用して復習したい。

本質的な問い（学習後）

【学習後】
科学技術は人類を幸せにするだろうか？

必ずしも幸せにするわけではない。
メリットの反面、人々への負担になったり、きょういになったりする等のデメリットも多く、それに対する対策をまだ練られていないものがあるから。

学習全体を振り返ったり、学習前・後の自分の考えを比べたりして、何がどのように変わりましたか？またそのことについて、どのように思いますか？感想でもよいので、自由に書いてください。

学習前は科学技術はただ人々を幸せにすると思っていたけれど、メリットだけでなく、沢山のデメリットもあることを例に、かえって人々の負担になると感じたことから、必ずしも、人々を幸せにするわけではないと考えが変わった。
⇒より広い視点で物事を見れるようになった。

自己評価

※第3時の学習履歴は、欠席のため空欄

3年「科学技術と人間」

指導目標

● 日常生活や社会と関連付けながら、科学技術の発展についての基本的な概念や原理・法則などを理解するとともに、科学的に探究するために必要な資料調査や記録などの基本的な技能を身につけるようにする。

● 科学技術の発展について、見通しをもって情報収集や資料調査などを行い、その結果を分析して解釈し、科学技術の発展の方向性について根拠に基づいて予測するなど、科学的に探究するようにする。

● 科学技術の発展に関する事物・現象に進んで関わり、見通しをもったり振り返ったりするなど、科学的に探究しようとする。

学習の流れ　※はOPPシートから教師が気付いたこと

時数	学習内容
1	● OPPシートの「本質的な問い」に回答する。 ➡ **1**「科学技術は人類を幸せにするだろうか」 ● 放射線について知り、これがどのように利用されているのかをまとめて、発表する。
2	● 火力、原子力、再生可能エネルギーによる発電について、それぞれ推進派と反対派の立場に分かれ、「今後の日本の発電方法はどうあるべきか」を議論する。 ➡ **2**「IBの学習者像」の見取り ※限られた授業時間の中でも生徒は様々な資質・能力を育んでいる。
3-8	● 社会や身の回りにある科学技術のなかから、調べてみたい科学技術のテーマを決定し、8分間の発表資料をまとめる。 ● それぞれが調べた科学技術について発表および質疑応答を行う。 ➡ **3**「学習目標」の形成 ※OPPAは「効果的な目標設定」を促す。
9	● 「科学技術は人類を幸せにするだろうか」を再度考え、OPPシートに記述する。 ● 学習後の自己評価欄を記述する。 ● OPPシートの記述をもとに、グループ全体で考えを共有する。 ➡ **4**学習者と教師の双方向の形成的評価 ※IBの目指す資質・能力を育成する上で、OPPAは有効である。

1 「本質的な問い」の設定
「科学技術は人類を幸せにするだろうか」

本実践例の対象はIB認定校のMYP（Middle Years Programme）で学ぶ中学3年生である。

IBでは、「IBの学習者像」として、表1に示す10の姿の育成を目指している。

表1 IBの学習者像

探求する人	心を開く人
知識のある人	思いやりのある人
考える人	挑戦する人
コミュニケーションができる人	バランスのとれた人
信念をもつ人	振り返りができる人

これらは、「構成主義」の考えに基づいた「指導の方法」および「学習の方法」を通して育成される。紙幅の都合上、IBの教育に関する説明は割愛する。

本実践では、「本質的な問い」を「科学技術は人類を幸せにするだろうか」と設定した。エネルギー資源の有効な利用が大切であることや、科学技術の発展が人間の生活を豊かで便利にしていることを認識するとともに、科学技術と人間の関わりを我が事として捉えてほしいと考えたためである。さらに、この問いは、「人類に共通する人間らしさと地球を共に守る責任を認識し、より良い、より平和な世界を築くことに貢献する人間を育て」るというIBの理念にも沿うものであると考える。

図1は生徒A、B、Cの学習前に記述した「本質的な問い」への回答である。生徒AやBは、科学技術は人類を幸せにするという回答であった。「技術は人間がより便利により楽に生活できるように生み出されたもの」であり、自分自身が幸せに暮らせていると感じているからだろう。生徒Cは、科学技術は人類を幸せにするだけでなく、「時に不幸あり」と記述していた。生徒Cのように、技術は便利である一方で、使い方を間違えれば人類を不幸にするのではないかと考えている生徒が多数いた。

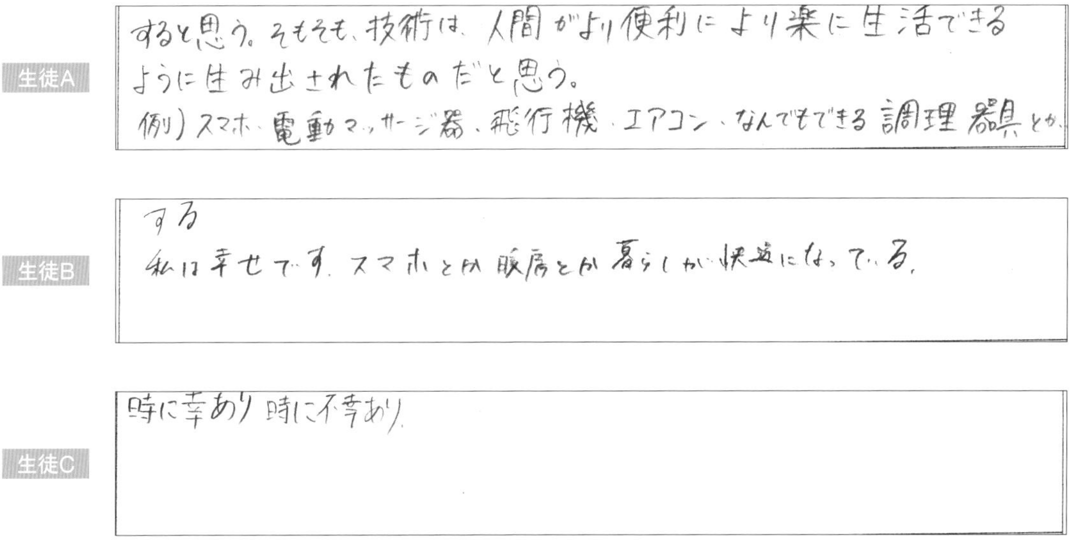

図1 生徒A、生徒B、生徒Cの学習前の「本質的な問い」に対する回答

2 「IBの学習者像」の見取り

第2時の授業では、グループディスカッションを行った。具体的には、6人組のグループをつくり、火力発電、原子力発電、再生可能エネルギーによる発電の推進派と反対派の六つの立場に分かれ、発電にかかるコストや二酸化炭素排出量などの様々なデータをもとに、「今後の日本の発電方法はどうあるべきか」について議論を行った。

生徒は、資料から自分の立場の発電方法のメリットやデメリットを読み取り、それぞれの立場の人物になりきって活発に議論をしていた。授業後のOPPシートの記述例を紹介する。

生徒Dや生徒Eの記述からは、各発電方法にはメリットとデメリットがあることに気付き、さらに、このことを踏まえて社会全体の利益の実現のために行動しようとする姿勢がうかがえた。これは、IBO（2017）が「信念をもつ人」として示す「誠実かつ正直に、公正な考えと強い正義感をもって行動」しようとする姿や、「考える人」として示される「複雑な問題を分析し、責任ある行動をとるために、批判的かつ創造的に考えるスキルを活用」している姿に該当すると考えられる。

生徒Fの記述からは、本時の自らの学びを振り返り、様々な立場から日本の発電方法はどうあるべきかを考えることができたことを自己評価している様子がうかがえた。これは、「振り返りができる人」として示される「自分の考えや経験について、深く考察」するという資質・能力に該当すると考えられる。

このように、生徒の記述を注意深く読むと、「IBの学習者像」と一致する姿を見取ることができ、本校の授業時間である100分という限られた授業の中でも生徒は様々な資質・能力を育んでいることに気付くことができた。

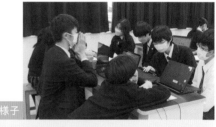

議論の様子

火力発電推進派「再生可能エネルギーだけでは電力をまかないきれないから最終的に火力に力を借りることになると思う！」
火力発電反対派「近年、地球温暖化によって、ゲリラ豪雨や台風勢力の拡大が問題となっているよ。CO_2排出量を減らすためにも、火力発電は減らすべきじゃない？」

自分の意見だけでなく、異なる意見をもつ人を理解することが最適な答えを導くうえで重要になる。	今、日本で使われている発電方法のメリットとデメリットを組み合わせた、より良い発電方法について開発することができると良い社会づくりが可能になると思いました。そのために現状を見極めて分析すべきだと考えます。

図2 生徒Dの学習履歴（第2時）

メリット・デメリットを正しく理解し、何を優先するかを明確にすること。	火力にも、原子力にも、良い面・悪い面はある。ひとりひとりの価値観を尊重し、何を1番大切にしたいか、の多くの人の合意が必要だと思った。	生徒会の運営でも生かせるね！

図3 生徒Eの学習履歴（第2時）

発電方法について考えるときに、客観的なことは今まで聞いたことがあったが色々な立場から考えることで気づけなかった悪い点・良い点を見つけられた。	どの発電方法が一番良いということもなく、それを上手くおぎ合いながらある方が良いというのが良い意見だと思った。

図4 生徒Fの学習履歴（第2時）

❸「学習目標」の形成

ここでは、第3〜8時の学習履歴を紹介する。第3〜5時の授業では、社会や身の回りにある科学技術の中から、調査したい科学技術のテーマを決定し、調査した内容を8分間の発表資料にまとめることを課題とした。これは、「探究を基盤とした指導」を意識したものである。第6〜8時の授業では、それぞれが調べた科学技術を発表する時間を設け、これらの発表を通して「科学技術は人類を幸せにするだろうか?」という「本質的な問い」について考えることとした。

それぞれがどんな科学技術をテーマに選び、どんなことに興味をもって調査しているのかを見取るために、ここでもOPPシートが役立った。さらに、調査する際に生徒が「学習目標」を見いだしながら学習に取り組んでいたことも見取れた。その例として、生徒Gの学習履歴を表2に示す。

生徒Gは人工光合成の技術に興味をもち、技術の仕組みや、未来にどのような影響を与えるのかについて調査し、発表資料にまとめていた。

第4時後の感想・疑問欄に着目すると、「次回の授業でしっかりと終わらせたい」というように、自らの「学習目標」をもち、発表資料の作成を計画的に進行しようとしている様子がうかがえた。

第5時後には、発表資料を完成させ、「発表までに練習することで分かりやすい説明をしたい」というように、自身の発表をよりよくするための新たな「学習目標」を見いだしていることがわかった。さらに、「光合成において"水が分解される"という部分が少し分からなかったのでもう少し調べたい」というように、学習内容に関する「学習目標」も見いだしていることが見取れた。ここで私は、生徒全員に配付されている高校用の「デジタル資料集もぜひ活用し

表2 生徒Gの学習履歴（下線は筆者が加筆）

時数	今日の授業で一番大切だと思ったこと	感想や疑問など自由に記述してください
4	自分が新しく学んだ事を他の人に、今までの知識を交えて説明するためには、新しく学んだことを確実に理解しておく必要がある。	どうしたら分かりやすく物事を説明することができるのか図を用いて視覚的に見やすいスライドを作成することができたので、次回の授業でしっかりと終わらせたい。
5	人工光合成は現在研究のとちゅうで、私たちの生活で実用化していくためには、コストや土地といった様々な問題を解決していく必要がある。	今回の授業でスライドを作り終えることができたので、発表までに練習することで分かりやすい説明をしたい。光合成において"水が分解される"という部分が少し分からなかったのでもう少し調べたい。
6	非言語コミュニケーションをせっ極的に活用していくことが大切。	自分が調べていないことは少しふく雑に感じたので、非言語コミュニケーションを活用して分かりやすく説明ができるようにしたいと思った。
7	文字の大きさやスライドの色合い、デザイン等の視覚的な要素が受け手の理解へ大きな影響をおよぼす。	今日も発表ではなかったので、たくさん練習してより良い発表をできるように頑張りたい。
8	アイコンタクトやジェスチャーが大切。	発表の際にきん張してしまって原稿を見すぎてしまったので、さらに練習が必要だったと感じる。（反省点）

てね」とコメントした。

　第6時では、友達の発表を聞き、自分自身はどのように発表したいのかを考え、「非言語コミュニケーションを活用して分かりやすく説明」したいというように、より具体的な「学習目標」を見いだしていることがわかった。

　第7時では、「たくさん練習してより良い発表をできるように頑張りたい」というように「学習目標」を達成するための具体的な手段について言及し、意欲的に課題に取り組んでいる様子がうかがえた。

　第8時では、自らの発表を振り返り、何を改善すべきかを「自己評価」していることがわかる。

　このように、生徒が「効果的な目標設定を行」って、自己調整をしながら学習に取り組むこと

もIBが目指す学習者の姿である。OPPシートを用いることで、この生徒のように、自らの「学習目標」を見いだしながら学習に取り組んでいる様子を見取ることができ、IBが目指す資質・能力を育成する上でOPPAは有効であると感じた。

　しかし、中には、どんな科学技術を調査しようか迷っている生徒や、受動発汗バイオ燃料電池などに興味をもって調べたものの技術の内容が難しく、生徒につまずきが見られる場合もあった。そのようなときは、次の授業時間に対話をしながら生徒のつまずきを解決したり、第5時のように、そのつまずきを生かした学習者の実際と目標の差異を埋めるためのコメントを残したりしながら、学習や授業の改善を行った。

4 学習者と教師の双方向の形成的評価

　学習後の「自己評価」には、自己の変容を捉えた記述や、科学技術に関する自分の考えに関する記述が見られた。

　生徒Aは、学習前は科学技術は人類を幸せにするというメリットのみを記述していたが、学習後はデメリットにも目を向けていることがわかる。さらに、理科の学習だけではなく「ほかのものにもいかし、いろんな視点から物事を捉えたいと思う」というように、学習内容を新たな文脈に適用しようとしていることが見取れた。

　生徒Bにおいても、学習前は科学技術は人類を幸せにするとだけ述べていたが、学習後は「人類が科学技術をどう使うかによって変わる」というように、「環境への影響やコスト的な問題など負の側面も知」ったということが述べられていた。さらに、このような側面について

「『知る』ことがとても大切なのだ」ということを自ら見いだしていた。

　生徒Cは、「学習前と後では考え自体は全く変わらなかった」と記述しているが、本人も「この問いに対する答えの理解が深まった」と述べているように、学習前に比べ、学習後の回答はより具体的に詳しく記述することができていた。

　ここでは、3名の記述を例にあげたが、ほとんどの生徒が自己の変容や科学技術に関する自分の考えを記述することができており、生徒それぞれの成長を実感することができた。

　これは、OPPAが学習者と教師の双方の形成的評価を可能にしたためであり、これによって、より効果的にIBの目指す資質・能力の育成がなされたと考えている。

生徒A

> すると思う。そもそも、技術は、人間がより便利により楽に生活できるようにと生み出されたものだと思う。
> 例）スマホ、電動マッサージ器、飛行機、エアコン、なんでもできる調理器具とか。

【学習後】
科学技術は人類を幸せにするだろうか？

> やっぱりそうだと思う!! でも、デメリットもあると思う。便利に、楽にするために開発された技術はその面では幸せにすると思うけど、環境とか費用とか、別の面で見たときに、悪いこともあると思った。

学習全体を振り返ったり、学習前・後の自分の考えを比べたりして、何がどのように変わりましたか？またそのことについて、どのように思いますか？感想でもよいので、自由に書いてください。

> 良い面だけじゃなくて、多角的な視点からとらえられるようになった。学習前と学習後の問いに対する考えのように、メリットだけじゃなくてほかの面から見たデメリットを理解することができた。ほかのものにもいかし、いろんな視点から物事をとらえたいと思う。

生徒B

> する
> 私は幸せです。スマホとか服屋とか暮らしが快適になってる。

【学習後】
科学技術は人類を幸せにするだろうか？

> 人類を幸せにするかどうかは、人類が科学技術をどう使うかによって変わる。

学習全体を振り返ったり、学習前・後の自分の考えを比べたりして、何がどのように変わりましたか？またそのことについて、どのように思いますか？感想でもよいので、自由に書いてください。

> 科学技術の仕組みやメリット、デメリットを調べたり、他の人の発表を聞いたりして、「知る」ことがとても大切なのだと思った。今までどの技術も短期的でどんどん使われるべきだと思っていたけれど、環境への影響やコスト的な問題など、負の側面も知り、それらを総合してbetterな使い方ができるようになることも、科学技術とのよりよい付き合い方だと考えを改めた。

生徒C

> 時に幸あり時に不幸あり。

【学習後】
科学技術は人類を幸せにするだろうか？

> 大きなリスクと共に幸せをもたらすことができるどんな科学技術であれ、1つの問題は確実に解決できるがそれと同時に他の問題を産む、または引き起こしてしまう可能性がある。人類はこれだけリスクを小さくできるかを考えながら科学技術を使用していかなければならない。

学習全体を振り返ったり、学習前・後の自分の考えを比べたりして、何がどのように変わりましたか？またそのことについて、どのように思いますか？感想でもよいので、自由に書いてください。

> 学習前と後では考え自体は全く変わらなかったが、この問いに対する答えの理解が深まった。

図5 生徒A、生徒B、生徒Cの学習前・後の「本質的な問い」への回答および自己評価

フィード
バック

7 SOSをありがとう

個別の学びを促すOPPシート

2年

生物
ゲーム

OPPシートは生徒の「生の声」を届けてくれる。生徒の記述を見逃さずに、一人一人に働きかけることで、個別の学びが促進される。教師のフィードバックは、生徒にとって特別の意味があるのだと実感した。

OPPAを通した教師の変容

Before

「生徒とコミュニケーションをとる時間がない」「よい授業をできている自信がない」、そんな思いが負の連鎖を生んでいた頃、大学時代に出会ったOPPシートを使ってみることにした。「指導と評価の一体化」に役立つと思ったからである。「感想を書くだけの用紙でしょ?」という周囲の声もあったが信じて取り組んでみた。

→

After

OPPシートの効果は絶大だった。「もっとうまく書きたいので、放課後に提出してよいですか?」と言ってくる生徒の多さに驚いた。生徒の記述の見取りが、的を絞った授業改善につながり、自分に自信がもてるようになった。その余裕から、生徒の頑張りを周囲の先生に伝える時間がもてるようになったことがうれしい。

OPPシートの構成

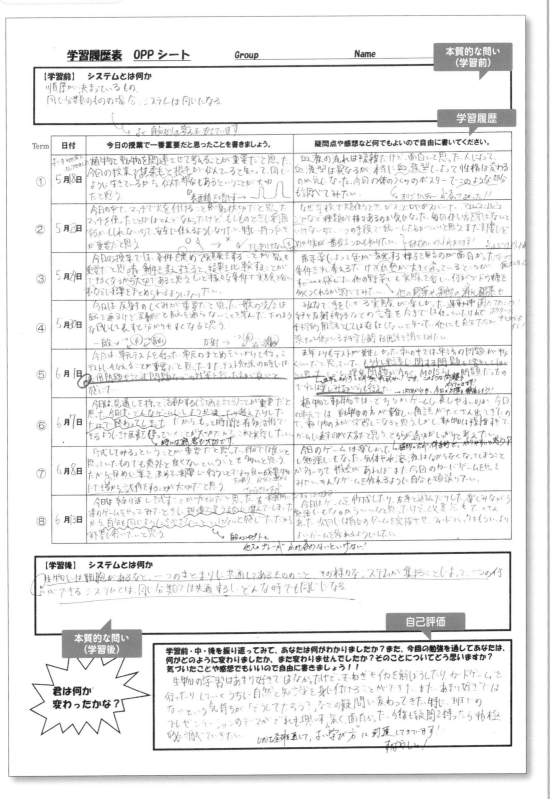

学習履歴表　OPPシート　Group　　　Name

本質的な問い（学習前）

【学習前】　システムとは何か

学習履歴

Term	日付	今日の授業で一番重要だと思ったことを書きましょう。	疑問点や感想など何でもよいので自由に書いてください。
①	5月8日		
②	5月13日		
③	5月14日		
④	5月30日		
⑤	6月1日		
⑥	6月7日		
⑦	6月8日		
⑧	6月13日		

【学習後】　システムとは何か

自己評価

本質的な問い（学習後）

君は何か変わったかな？

学習前・中・後を振り返ってみて、あなたは何がわかりましたか？また、今回の勉強を通してあなたは、何がどのように変わりましたか、また変わりませんでしたか？そのことについてどう思いますか？気づいたことや感想でもいいので自由に書きましょう！！

2年「生物ゲームを開発しよう」

指導目標

● 生物の体のつくりと働きとの関係について着目しながら、動植物の細胞のつくりや働き（植物の蒸散・光合成、動物の呼吸系、消化系、循環系、神経系）、システムを理解するとともに、それらの観察，実験などに関する技能を身に付けるようにする。

● 身近な植物や動物の体のつくりと働きについて、見通しをもって解決する方法を立案して観察，実験などを行い，その結果を分析して解釈し、生物の体のつくりと働き、システムについての規則性や関係性を見いだして表現できるようにする。

● 生物の体のつくりと働きを総合的に理解することを通して、生命を尊重する態度を育成し、主体的に学ぶことができるようにする。

学習の流れ　※はOPPシートから教師が気付いたこと

時数	学習内容
1・2	● ダイヤモンド・ランキング：理科を学ぶ意味について考える。 ● アニマル・キングダム：生物ゲームについて見通しをもつ。 ● OPPシートの「本質的な問い」に回答する。 ➡ **1**「システムとは何か？」
3・4	● タマネギの観察：グループごとにタマネギの鱗葉を観察し、ポスターにまとめる。 ※OPPシートの記述が抽象的にまとめられていることに気付いた。 ➡ **2**足場かけの準備 ※顕微鏡の高倍率を使えない生徒がいることがわかった。 ● 顕微鏡の高倍率の観察練習
5-12	● 植物の体のつくりと働きをポスターにまとめる。 ※タマネギに直接染色液を垂らしている班がいくつもあった。 ※タマネギの観察で班で役割分担を決めて、スムーズに観察できた。 ➡ **3**生徒の「気付き」に対する教師のフィードバック ● OPPシートの記述で見取った疑問を班ごとに調べて、発表する。 ➡ **4**生徒の「疑問点」に対する教師のフィードバック

時数	学習内容
13・14	イカの観察
15-20	動物の体のつくりと働きをポスターにまとめる。 ※イカには、背骨があり、脊椎動物であると結論付けている記述があった。 ※体循環と肺循環、動脈血と動脈の違いに苦手意識がある記述があった。 ● OPPシートの記述で見取った疑問を班ごとに調べて、発表する。➡ **4**
21・22	唾液の消化実験 ※ガスバーナーを一人で使えない生徒がいることがわかった。 ● ガスバーナーの演習
23・24	動物の神経系について知る。 ※タマネギの消化酵素は、炭水化物を分解することができる。
25・26	● 総括的評価課題（ペーパーテスト）
27-34	生物ゲーム開発 ● OPPシートの「本質的な問い」と自己評価欄に回答する。 ➡ **5**変容を自覚する生徒

1 「本質的な問い」の設定
「システムとは何か」

本実践では、「本質的な問い」を「システムとは何か?」に設定した。生物の体のつくりと働きとの関係性を「システム」と言い換えたのは、答えの幅を広くすると同時に、本単元の学習後の成果物としての「生物ゲームのシステム」とも関連するためである。生徒が、概念や見方、考え方を具体的に考えるきっかけになるのではないかと考えた。教室内では、「あいまいすぎる」「教科書のどこにも答えがない」とひそひそ言い合う声が聞こえ、不透明な問いに困惑する様子であった。

図1は、2名の生徒の学習前と学習後の「本質的な問い」に対する回答である。生徒Aは「繰り返されること」という考えを学習前から一貫して記述しているが、学習後は具体的な事象を

あげながら共通性に言及している。

生徒Bは「自分自身の学びとシステム」に着目している。単元全体を通して、OPPシートの記述の仕方に変容が見られ、自分の言葉で表現することの大切さに気付いている様子がうかがえた。

「システムとは何か」という「本質的な問い」を設定したことで、単元全体を通して、問いの不透明さが生徒の「わからない」「難しい」という思いを引き出し、「不満足」をつくった。

徐々に、「疑問、何を書こうかな?」「するどいことを書くぞ!」といった生徒の声が聞こえるようになり、自分の学習を振り返ろうとする前向きな様子が見られるようになってきたのは、OPPシートが個別の学びを促した証拠である。

生徒A	生徒B
学習前	

図1 生徒A、生徒Bの学習前・後の「本質的な問い」に対する回答

2 足場かけの準備
OPPシートに素直に書くことが学びの近道

(1)OPPシートを素直に書けるようにするための声かけ

私は、「授業で一番重要だと思ったこと」や疑問点や感想を素直に書くことが、生徒の学びを促すと考えている。

さらには、生徒の記述の多様性が、単元中の

教師の「足場かけ」を高めることにつながると言える。生徒が素直に記述できるようにするために、以下の視点を生徒に示した。

①「具体的に書くこと」

②「正直に書くこと」

③「わからないままにしないこと」

OPPシートを使い始めた当初は、生徒が学習履歴を記述する際に、インターネット上のまとめサイトや教科書の内容を複写する姿も見られた。わからないことやできないことを認めたくない気持ちが先行し、生徒自身の外化の妨げになっていると考えた。そのため、できるようになったことやまだできないことを自覚することで、より深い学びにつながるのだと生徒に伝え、自らの考えを他者に表現することを楽しむように促した。

⑵ 生徒の記述を捉える際の教師の視点

数年間の実践の中で、私は、教師のコメントによるフィードバックが、生徒の「学びに向かう力」の支えとなる自覚化や可視化を促す場面にいくつも出会ってきた。生徒の学習履歴（「今日の授業で一番重要だと思ったことを書きましょう」と「疑問点や感想など何でもよいので自由に書いてください」）の記述内容は、いくつかに分類するようにしている。

その内容を大きく分けると、「気付き」と「疑問点」と「その他」である。「気付き」は、「まとめ」と「授業のアイデア」にさらに分けることができる。「疑問点」は、「わからないから生まれる疑問点」と「知りたいから生まれる疑問点」にさらに分けることができると考えている（図2）。

私は、これらの生徒の記述を肯定的に捉えながら、記述に対して適切なフィードバック（教師のコメント・実践）と授業改善を行っていくことで、生徒の成長の自覚化や可視化を促した。

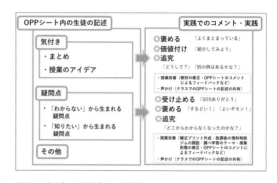

図2 生徒の記述の分類
（教師のコメント・実践）

❸ 生徒の「気付き」に対する教師のフィードバック
学びを促すコメントの仕方

⑴ 常に「要求」して学びを促す

「まとめ」は、生徒の学習記録である。学習履歴欄には、「各消化器の機能と要素を把握し、テストにそなえること！」「光合成のシステムを学びました」「様々なことにとりあえず取り組むことが重要だと思った。玉ねぎについてしらないことが多かったから、薬品を使うなどたくさんのことに取り組み、結果から比較して新たに知ることが多かった」というように、授業内容自体の記述や感想、一般化・概念化された表現などが記述されている。私はこれらの記述に対して、「よく自分の言葉で書けているね」「よい気付きだね」というような肯定的なコメント

とともに、学習者が自らの内面とより向き合うために、「一番重要だと思ったことは？」「科学的用語を使うと、もっと具体的になりそうだね」というようなフィードバックを投げかけるようにした。つまり、必ず生徒に要求をするのである。

それらの要求は、表現が得意な生徒にも、苦手な生徒にも有効である。例えば、生徒の学習履歴に、一般化・概念化された記述があれば、私のフィードバックは「別の具体的な事象はあるかな？」というように、日常の事象に生徒の視点を向けさせるようにする。また、生徒の学習履歴がたくさんの要素で溢れていれば、私の

フィードバックは「今日、学んだことの核心は何か考えてみよう。まとめる力がもっと伸びるぞ！」である。このように繰り返し要求することで、重要な学習内容に対する思考の再構成を促した（図3）。

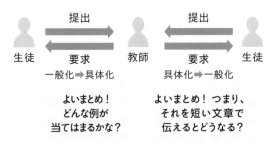

図3 OPPシートの記述に対するコメント

すると、OPPシートの内容にも変化が生まれた。血液の流れを取り扱った授業後の生徒Bの記述には、「今授業ではつながりが大事！」というように、図を使って学習内容を表す様子が見られた（図4）。

図4 生徒Bの学習履歴の変容
（第3時 ➡ 第9時）

また、消化の仕組みを取り扱った授業後の生徒Cの記述には、「今日は、消化について学んだ。右の絵のように、順番を知って、覚えることが重要だと思った。また、消化液や消化酵素も一緒に覚えられるようにすることも大切だと思う」というように図を示し、表現を工夫した様子が見られた（図5）。

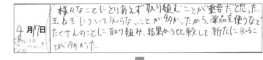
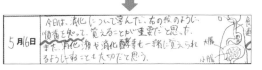

図5 生徒Cの学習履歴の変容
（第2時 ➡ 第8時）

以前の生徒Cの記述は、「一番重要だと思ったこと」と感想や疑問との間に区別がないときもあり、「何を学び、何ができるようになったのか」を可視化しにくい状況であった。

具体化を促すフィードバックによって、「学んだことを振り返ること」を強く意識することができたと考える。このように、見取りとコメントを通した「要求」を繰り返すことで、生徒の学びを促していくことが可能になる。

(2)生徒の気付きでつくる学びの場づくり

「授業のアイデア」は、「疑問点や感想など何でもよいので自由に書いてください」の欄によく見られる内容である。例えば、「私がどんな実験かわからないときに、○○さんがいろいろと実験方法を提案してくれてうまく進めることができました。全員が同時進行で同じ作業をするよりも1人1人違う動きをした方がはかどることを知りました」という生徒Dの記述があった（図6）。これによって、教師の目の届かないところで生徒同士が助け合い、工夫をしていたことを知った。

私はこの記述に対して、「次回の授業でそのアイデアをクラスに紹介しよう」や「○○さん

図6 生徒Dの学習履歴（第2時）　　生徒も人のよいところを見つける天才

のよいところを発見できたね」というコメントを返し、生徒の記述への価値付けを行った。

そして、次時の授業冒頭に前時の振り返りとして、ある班の実験の工夫や生徒の言動を紹介し、クラス全体に共有した。すると、生徒同士の関係が良好になり、役割分担がうまく進み、探究の方法の選択肢が増えていった。これが、教師の授業改善につながったと考える。生徒同士が発見した工夫や注意点は、教師が事前に準備していた説明よりも、効果的であると感じた。

「オームの法則」を利用して回路図の所定の値（V、A、Ω）を求める計算を取り扱った授業後には、「先生に挑戦です。この回路図の問題を解いてください」という記述が見られた（図7）。生徒Eは、問題を作成することで、学習内容をアウトプットしていたのである。

私は、この問題を次時に紹介したときのクラスの雰囲気に衝撃を受けた。

目をキラキラさせながら、問題を解こうと筆記用具を動かしているのである。ある生徒は、問題作成者に答えを確認しに行き、ある班内の

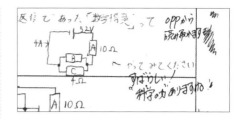

図7 生徒Eの学習履歴

生徒同士は教え合いを偶発的に始めていた。授業冒頭の5分間の出来事である。

その授業後の複数の生徒の記述では、「同学年の友達の問題が解けなくて悔しい。家で自習します」や「刺激を受けたので、私も問題を作りました」というように、学び方を修正する姿や学びの輪が広がる様子が見られた。

OPPシートを通して、生徒の記述を見取り、授業内でその内容を紹介・共有、問題提起することによって、教師はファシリテーターとしての役割を担っていると感じた。それと同時に、OPPシートが目の届かないアイデアを集め、生徒の学びを連鎖させ、生徒の個性を伸ばすことのできるものだと再認識することができた。

4 生徒の「疑問点」に対する教師のフィードバック
「わからない・難しい・知りたい」を逃さない

(1)「SOSをありがとう」からはじまる個別の学び

「わからないから生まれる疑問点」の記述を発見したときは、最大のチャンスである。つまり、生徒は困っていて、教師に助けを求めているのである。この記述に対する私のコメントは、必ず「SOSをありがとう」と決めている。「わからないこと・できないことをそのままにしなかった」ことに対して、感謝を述べるようにしている。

OPPシートは、生徒が周りの目を気にせずに相談できる場である。教師はそのSOSを受けて、苦手な部分に合わせたプリントを用意し

たり、放課後に補講の時間を設定したりするなど、個別に具体的な働きかけができる。

図8は、体循環や肺循環の流れやヒトの肺と心臓をつなぐ血管の名称の違いを取り扱った授業後の生徒Bの記述である。「頭の中で整理ができないです。それと、覚えるコツを知りたいで

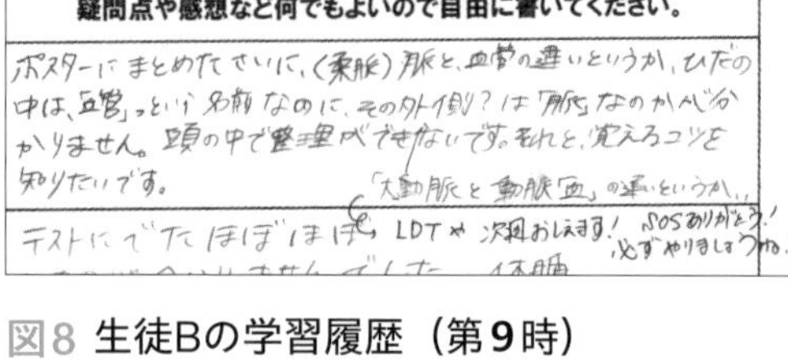

図8 生徒Bの学習履歴（第9時）

す。『大』動脈と動脈『血』の違いというか…」という記述から、生徒Bの悩んでいる様子に気付いた。そして、放課後に特訓をしようと働きかけた。

一方で、ある生徒は「何がわからないかわからない」という記述をしていた。つまり、学習目標と生徒自身の学習到達度の差異を自覚できていないのである。私は、「OPPシートを見て、どこまでわかっていたか確認しよう」と返した。学び方を振り返るように促すことで、生徒と共に苦手なところを明確化していくことができた。

(2)疑問をもつことは「考えている証拠」

「知りたいから生まれる疑問点」には、授業以外の内容も含まれ、中には次時の授業内容にそのまま直結するものもある。つまり、生徒の記述をもとに、授業の方向付けをすることができる。例えば、授業冒頭にOPPシートの記述を共有する声かけから始めることが考えられる。

また、机間指導での「振り返りを意識しているね」「最近、本質をよく考えてまとめているね」といった声かけが生徒の顔を明るくさせることに気付いた。

さらに、複数の生徒が「気孔が葉の裏に多い理由は何ですか？」などと記述しており、「わからないことをそのままにしない」様子が見られた。これらの疑問を、調べ学習のテーマにし、班単位でまとめて発表する機会をつくった。

5 変容を自覚する生徒 「ただの振り返りシートではない」

生徒Fが学習後に記述した自己評価には、「最初はOPPシートはただの振り返りシートだと思っていました。しかし、友達から疑問点や授業の意見を書いた方がいいよというアドバイスをもらいました」という記述があり、生徒同士で助言し合いながら試行錯誤する様子が見られた（図9）。

さらに、「上手く書けない時は実は自分がこの部分についてまだ理解していないんだと気づくこともできました」という記述もあり、メタ認知が働いている姿が見られた。

生徒一人一人に個別最適な学びを促す働きかけを行うことによって、生徒の変容を感じることができた。

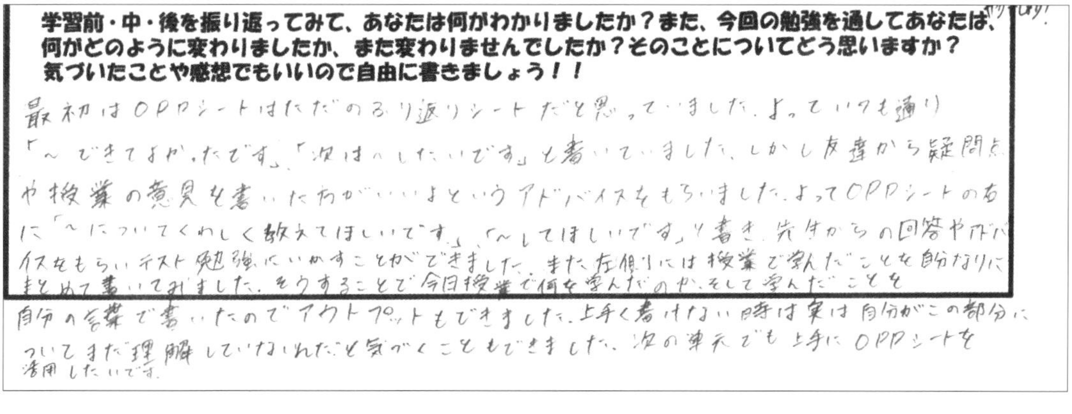
学習前・中・後を振り返ってみて、あなたは何がわかりましたか？また、今回の勉強を通してあなたは、何がどのように変わりましたか、また変わりませんでしたか？そのことについてどう思いますか？気づいたことや感想でもいいので自由に書きましょう！！

最初はOPPシートはただのふり返りシートだと思っていました。よっていつも通り「～できてよかったです」「次は～したいです」と書いていました。しかし友達から疑問点や授業の意見を書いた方がいいよというアドバイスをもらいました。よってOPPシートの右に「～についてくわしく教えてほしいです」「～してほしいです」と書き、先生からの回答やアドバイスをもらいテスト勉強にいかすことができました。また左側には授業で学んだことを自分なりにまとめて書いてきました。そうすることで今日授業で何を学んだのか、そして学んだことを自分の言葉で書いたのでアウトプットもできました。上手く書けない時は実は自分がこの部分についてまだ理解していないんだと気づくこともできました。次の単元でも上手にOPPシートを活用したいです。

図9 生徒Fの自己評価

8 生徒の疑問からつくる授業

理科を学ぶ意義を見つける生徒たち

生徒の学びは多様で、授業の受け取り方も一人一人異なる。OPPシートは、いわば生徒からのフィードバック。生徒の疑問を授業に生かすようにしたら、普段から積極的に「なぜ？」と考える生徒が増えた。

OPPAを通した教師の変容

Before

答えが限定されない抽象的な問いは中学生には難しいと思い、「本質的な問い」は単元の学習と直結するような、答えが一つのものばかりを設定していた。生徒はこちらの意図した通りに受け取っているという前提で授業を進めていた。

After

生徒が学び取っているものは一人一人異なり、教師の意図した通りではない。生徒の疑問を授業で共有したら、互いに話し合い、考える姿が見ることができた。生徒の発想力や思考力は教師の想定を大きく超えるものだった。

OPPシート（デジタル版）の構成

本質的な問い（学習前）

本質的な問い（学習後）

自己評価

学習履歴

学びのあしあと　　　2年　　組　　番　名前（　　　　　　　）

理科をなぜ学ぶのか

授業前【 1 月 24 日（水）】

身の回りにある自然現象や動物などの体の作りや仕組みなどを学び、身の回りに起こる現象をわかるようにするため。

授業後【 2 月 22 日（木）】

自分たちの生活のなかにある自然現象や天気予報、植物や動物の体の作り方などを学び、知識を得て、その知識で生活をより豊かにするため。

理解するだけでなく、その知識で何をするか、ということですね。

	日付	天気	忘れ物	ふりかえり [今回の授業で一番大事だと思ったこと]	疑問点や感想など
1	1/24	◐	なし あり	今回の授業で一番大事だと思ったことは、気象要素の関係についてで1日中晴れの日と、1日曇りや雨の日について気温の変化を資料から調べてみると、晴れの日は一日の気温差が大きいけど雨の日は一日の気温差が小さいことがわかり、1日の温度の変化でお互いに一番湿度が高い時間帯を比べてみると、晴れの日は昼あたりの時間で雨の日は夜あたりに時間になっていることが大事だと思いました。	改めて晴れの日と雨やくもりの日の気温や湿度、気圧を比べてみると全然違うことがわかったことから一日の中で天気が変化している湿度や気圧の違いも注目していきたいと思いました。
2	1/25	◯	なし あり	今回の授業で一番大事だと思ったことは、気圧の性質について等圧線は同時刻の気圧が同じ地点を滑らかについだ線のことで等圧線は100hPaを基準にして、4hPaごとに引き、20hPaごとに太くするようになっていることから、高いところは高気圧に読み取り、低いところは低気圧ということが大事だと思いました。	練習問題で気圧、風向、風力を求めるときに地形が分からず、毎回調べるはめになるのでちゃんと地形を覚えるようにし、風向も北北東など細かい方向を答えるときにきっと答えられるように勉強していきたいと思いました。
3	1/26	◯	なし あり	今回の授業で一番大事だと思ったことは、空気の性質は天気にどのような影響を与えるかについてで、大規模な空気のかたまりを気団といい、高緯度な気団だと冷たい空気になり、低緯度の気団の場合あたたかい空気になることから、寒冷前線が起こった場合積乱雲ができることから激しい雨が降り、温暖前線が起こると乱層雲ができ穏やかな雨が長い時間続くことが大事だと思いました。	冬に雨があんまり降らないのは、寒冷前線が関係しているのですか？さらに、自分からもっと天気予報を見て、気圧の読み取りに慣れていきたいです。
4	1/31	◐	なし あり	今回の授業で一番大事だと思ったことは、前線の通過と天気の変化についてで寒冷前線が通過すると、積乱雲が発生し狭い範囲で急に強い雨が降り、急に広い現象が起こり冷たい空気に下がったりして風向が南から北に変わり、温暖前線の場合は、乱層雲が起こり300kmぐらいの広い範囲に弱い雨が降り、気温が上がり、低気圧も天気も同じように西から東に流れていくことが大事だと思いました。	夏とかに急に強い雨が降ったり、雨が止んだりする原因は寒冷前線が通過するすることにあるのですか？また、積乱雲と乱層雲の雨が降る範囲や雨の量の違いがわかって良かったです。

学習前・中・後を振り返ってみて、何がわかりましたか？また、今回の勉強を通してあなたは何がどのように変わりましたか？そのことについてあなたはどう思いますか？

授業前と授業後を比べると、授業前は理科の授業を通してただ単に身の回りの現象をわかるようにするためという理由だけど、授業後では理科の授業は私たちの生活に役立つということを学ぶということが改めてわかったので、身の回りの現象をわかるようにしたいというように何ができるかという理由も＋で書けたことが変わりました。また、今回の授業を通して、天気予報の価値観が変わりました。この授業をやる前は天気予報で梅雨前線や高気圧、低気圧という言葉が分からず、理解できなかったのですが、今回の授業で日本の四季の特徴や高気圧や低気圧の特徴について知れたので天気予報がわかるようになって、自分にとって天気予報の価値観が高くなりました。そのことについてでは、理科の授業でやったことがちゃんと私生活の中で生かされて嬉しいと思います。

その言葉がうれしいです

2年「天気とその変化」

指導目標

- 霧や雲の発生についての観察，実験を行い，そのでき方を気圧，気温および湿度の変化と関連付けて理解できるようにする。
- 前線の通過に伴う天気の変化の観測結果や天気図・気象衛星画像などを分析して解釈し、天気の変化と日本の気象についての規則性や関係性を見いだして表現できるようにする。
- 日本の気象、自然の恵みと気象災害に関する事物・現象に進んで関わり、見通しをもったり振り返ったりするなど、科学的に探究しようとする。

学習の流れ　※はOPPシートから教師が気付いたこと

時数	学習内容
1	●OPPシートの「本質的な問い」に回答する。 ➡ ❶「理科をなぜ学ぶのか」 ※知識を得ることが目的となっている生徒や、学ぶことに対して消極的な生徒も多いことがわかった。 ●気象要素の関係
2-4	●前線と天気の変化 ➡ ❸生徒の疑問からつくる授業 ※実体験につながる疑問を探すことで、前向きに取り組む生徒が多くなった。
5	●天気俚諺
6	●日本の季節に影響する要素
7	●冬の天気
8	●春と梅雨の天気
9	●夏と秋の天気
10	●台風 ➡ ❷「記述が多い=理解している」ではない ※生徒によって、授業の伝わり方は異なる。
11-13	●気象にかかわる恵みと災害
14	●OPPシートの「本質的な問い」に回答する。 ●学習後の自己評価欄を記述する。 ➡ ❹自分なりの答えを見つける生徒 ※生徒は教師の想定以上に考え、価値付けを行っていた。

1 「本質的な問い」の設定
「理科をなぜ学ぶのか」

本実践では、本質的な問いを「理科をなぜ学ぶのか」と設定した。このような回答が限定されない問いに対して、自分の考えをまとめ、表現するという活動は、中学生には難しいのではないかという懸念もあったが、まずはやってみようと挑戦してみたのである。実践後の生徒たちのOPPシートを見て、私は生徒たちがもつ力を信じることができていなかったと痛感した。

学習前の生徒たちは「そんなこと聞かれても…」と戸惑う様子を見せながらも、一生懸命に考え、記述していた。図1が「本質的な問い」に対する授業前と授業後の生徒の記述である。

授業前は「これからの人生に必要だから」「テストでいい点をとるため」「身の回りの現象や仕組みを理解するため」などと、知識をつけることを目的とする生徒や「義務教育だから」と学びに対して消極的な表現をする生徒が多くみられた。しかし、授業後は「知識を得て、その知識で生活をより豊かにするため」「理科を活かしてよい未来をつくるため」など、知識をもとに自分たちの生活や未来をよくするために学ぶのだという記述が多く見られた。

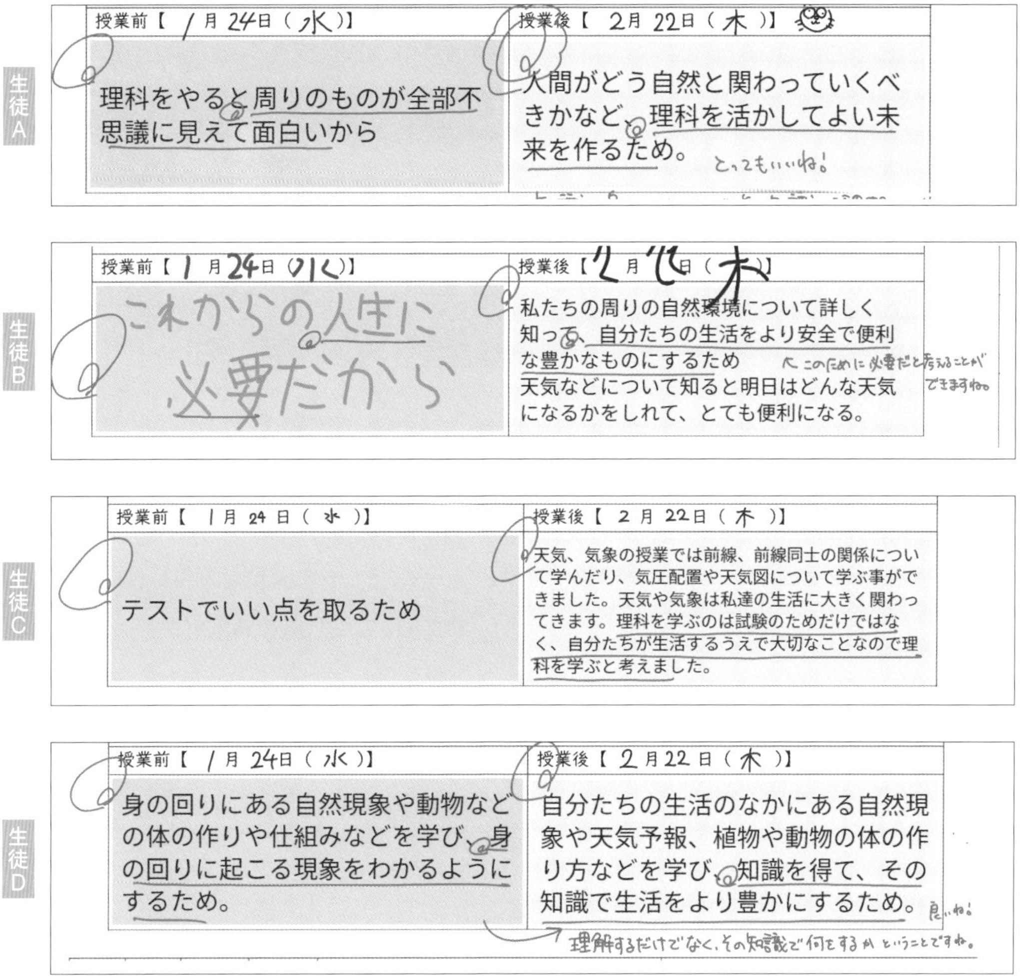

生徒A
授業前【1月24日（水）】
理科をやると周りのものが全部不思議に見えて面白いから
授業後【2月22日（木）】
人間がどう自然と関わっていくべきかなど、理科を活かしてよい未来を作るため。
とってもいいね!

生徒B
授業前【1月24日（水）】
これからの人生に必要だから
授業後【2月22日（木）】
私たちの周りの自然環境について詳しく知って、自分たちの生活をより安全で便利な豊かなものにするため
天気などについて知ると明日はどんな天気になるかをしれて、とても便利になる。
このために必要だと考えることができますね。

生徒C
授業前【1月24日（水）】
テストでいい点を取るため
授業後【2月22日（木）】
天気、気象の授業では前線、前線同士の関係について学んだり、気圧配置や天気図について学ぶ事ができました。天気や気象は私達の生活に大きく関わってきます。理科を学ぶのは試験のためだけではなく、自分たちが生活するうえで大切なことなので理科を学ぶと考えました。

生徒D
授業前【1月24日（水）】
身の回りにある自然現象や動物などの体の作りや仕組みなどを学び、身の回りに起こる現象をわかるようにするため。
授業後【2月22日（木）】
自分たちの生活のなかにある自然現象や天気予報、植物や動物の体の作り方などを学び、知識を得て、その知識で生活をより豊かにするため。
良いね!
理解するだけでなく、その知識で何をするかということですね。

図1 生徒A、生徒B、生徒C、生徒Dの学習前・後の「本質的な問い」に対する回答

図2は単元の後半で生徒Eが書いた学習履歴である。それまでに学習した内容と生活でのつながりを発見し、その積み重ねの中で「知識を得るために学ぶ」から「身に付けた知識を生かすために学ぶ」という考えに変化していく様子が見られた。これはOPPシートを使う前の私であれば、見落としてしまっていた変化である。学習履歴の積み重ねを把握できるOPPシートだからこそ見取ることができた変化だろう。

> ・8月から9月にかけてニュースでよく見るようになる台風予報図だけど、今回学習して正しい図の読み取り方や名称について理解することが出来ました。また、自然や天気の変化がもたらす災害(水害・高潮など)や、逆に別の視点から見てそれらがもたらす恵みについて考える事ができました。
> ・天気や気圧の勉強をしてから知識が増え、ニュースでキャスターが何の説明をしているのか・どのような根拠があって言えるのかがより理解できるようになりました。このように日常生活で利用することができるものが増えるということも理科を学ぶ一つの理由なのかなと思いました。
>
> すばらしい発見ですや!!

図2 生徒Eの学習履歴（第10時）

---

❷ 「記述が多い＝理解している」ではない

OPPシートでは「今日の授業で一番大事だと思ったことは何か」を問う。これによって、授業の中で教師がポイントとしたことが実際に生徒に伝わっているかどうかを見取ることができるようになった。図3は台風について学習した授業後の学習履歴である。

生徒Fは台風予報図を、生徒Gは台風の左右の被害の大きさの差を一番大事なこととして捉えている。また、生徒Hは学習事項を踏まえて、「言葉の意味を理解する」ことを一番大事なこととしてあげている。このように、同じ授業を受けていても、大事だと思う点がそれぞれ異なる。正解／不正解を採点するのではなく、こちらの意図したことがどのように生徒に伝わっているのかを確かめ、授業改善につなげることに意義がある。

OPPシートを使用する以前は、「その時間に学んだことを自分の言葉でまとめて書く」という振り返りシートを使っていた。振り返りを書く際に、生徒たちはまずファイルを開いてプリントを見返し始める。そして、その1時間で学習したことをすべて書き残そうとする。

生徒F｜台風予報図は進むに連れて台風の目とその大きさが予想されていると思っていたけど実際は予想される台風の目の場所が書いてある。

生徒G｜台風の右と左では、被害が違い左側より右側のほうが被害がおおきい。

生徒H｜今日の学習でいちばん大切だと思った部分は言葉の意味を理解しておくという部分だ。暴風警戒域、強風域、暴風域、漢字も意味もにている部分があるので区別できるように、定義を理解していきたい。

図3 生徒F、生徒G、生徒Hの学習履歴（第10時）

> 物質は純粋な物質と混合物からさらに分類することができるまず純粋な物質から単体、化合物に分けることができる。これは、2種類以上の原子でできているかによって分類することができる。次にここから単体、化合物どちらも分子からできている物質とまとまり物質に分けることができる。分子とはいくつかの原子が結びついて一つの単体として存在している物質のことである。

図4 生徒Hの振り返りシート（1学期 化学分野）

生徒Hも1学期の振り返りシートでは授業の中で学習したことを網羅する振り返りを書いていた（図4）。OPPシートを使うようになって

から、「記述が多い＝理解している」と考えるのは、生徒の実態と合わないと感じるようになった。

3 生徒の疑問からつくる授業

(1)多様な受け取り方と生徒によって異なる理解度

同じ授業を受けていても、そこから生徒が学び取ることは一人一人異なる。日常生活の中でも事象の捉え方は人によって異なっており、授業の中でも学びが異なることは当たり前のことであるが、私はこれまで「説明したことはこちらの意図した通りに生徒が受け取っている」という前提のもとで授業を進めていた。さらに、OPPシートの記述を見る中で、そのような前提で授業を進めていたということを自分自身が自覚していなかったことに気が付いた。

以前のいわゆる「振り返り」では、授業で学んだことを網羅するように、授業の流れをなぞりながら枠いっぱいに書く生徒が多くいた。そして、その文字数が生徒の理解度を表すと考えていた。

しかし、OPPシートには「一番大事だと思ったこと」だけを書くため、内容を端的にまとめた記述が増えている。その1時間のまさに核となる部分を書いている生徒もいれば、授業の中での小話を一番大事だと書く生徒もいる。特にOPPシートを始めたばかりの頃は「そこを一番大事だと思ったのか！」と驚くことも多かった。一方で、こちらが一番伝えたいと思ったことを多くの生徒が大事なポイントとして書いてきてくれたときには手応えを感じる。生徒の記述が、授業改善のための一番の生きたフィードバックであり、毎授業後に見るのが楽しみになった。生徒の実態を把握する手段として、OPPシートの価値を強く感じている。

(2)生徒の疑問を授業で紹介

図5は生徒Iと生徒Jの学習履歴である。生徒Iは前線の種類、でき方の授業の後、「寒冷前線が温暖前線を追い越すことはあるのか」という疑問をあげていた。授業では触れていないので早速次時にこの疑問を全体に投げかけ、考える時間をとった。OPPシートにこの疑問を書いてきた生徒は一人だけであったが、「それ、俺も思った！」という声も上がり、悩みながらも活発に周囲と相談する生徒たちの姿があった。

生徒Jは温帯低気圧のつくりについて、「なぜ寒気がその場所にあるのかがわからない」という疑問を書き込んでいた。低気圧ができる過程を理解できていないということがわかり、次の時間に補足を行った。全体に問いかけてみると、説明できる生徒は少なく、「そういうものだ」という雰囲気に流され、理解した"つもり"になっていた生徒が多いということがわかった。

生徒の疑問を授業中に紹介するようになってから、OPPシートに疑問を書いてくる生徒が増えたと感じている。また、生徒の疑問を授業で紹介すると、実は同様の疑問を抱えていた生

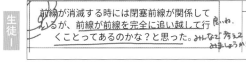

図5 生徒I、生徒Jの学習履歴
（第4時・第6時）

徒が多いというケースがよくある。疑問を全体で共有することによって、積極的に話し合い、考える姿が見られるようになった。

生徒の疑問は大きく二つに分けられる。一つは、生徒Jのように授業でわからなかったことである。そして、もう一つが「南半球だったら…」や「こういう場合はどうなりますか」など、授業では触れていない内容に関することである。これは、さらに学習を深める疑問と言える。特に学習が進むにつれて、日常生活と学習内容とのつながりに関する疑問が増えた。例えば、関東で雪が降り、学校が1時間遅れでの登校になった日には、「なぜ関東で大雪になったのか？」「南岸低気圧とテレビで聞いたが、それは何か？」という質問が多く届いた（図6）。生徒の疑問を授業で紹介し、全体で考えるようにな

ると、授業中に限らず、普段の生活の中でも周囲を観察し、仕組みや関係を考える様子をよく見るようになった。積極的に「なぜ？」と考える生徒が増えたのは喜ばしいことである一方、OPPシートを質問箱のように使う生徒も多いことが課題である。そのような質問に対しては、生徒の疑問にすべて答えるのではなく、「なぜそう思ったの？」や「教科書の〇ページが参考になるかも！」など、生徒が自分なりの仮説をもてるように促すことを意識して、コメントを返すようにしている。

なんで関東では大雪になったんですか？
良いね！今度考えてみましょう！！

図6 生徒Kの学習履歴（第7時）

4 自分なりの答えを見つける生徒

図7は生徒A、生徒Bが学習後に記入した自己評価である。生徒Aは、はじめはピンと来なかった「なぜ理科を学ぶのか」という問いに対して、「今あることを理解してよい未来をつくるため」という答えを出せたと振り返っている。さらに、「理解を深め、良い未来、環境のために自分ができることは何かを考えていきたい」

という記述から、学習意欲の高まりがうかがえる。

生徒Bは、「疑問を持つことで（中略）深く理解できる」と記述している。生徒BのOPPシートには毎回「こういう場合はどうなるのだろう」という疑問が書かれていた。この繰り返しを通して、生徒Bは「疑問をもつこと」に対する価

学習前・中・後を振り返ってみて、何がわかりましたか？また、今回の勉強を通してあなたは何がどのように変わりましたか？そのことについてあなたはどう思いますか？

生徒A
学習前は理科を行う理由という質問にあまりピンとこなかったけど、学習をして理科で学ぶ範囲、特に自然の範囲では人間に深く関わっている部分を多く学び、学習後には理科を学ぶ理由という質問に「自然との関わり方を学ぶため、今あることを理解してよい未来を作るため」という答えを出すことができた。
今回の勉強を通して、前までは理科を学ぶ意味はなんだろうという考えから、今あることを理科を通して理解することによってこれからのことに繋がるという考えに変化した。
この変化をいかして、これからもっと今あることに対する理解を深め、良い未来、環境のために自分ができることは何かを考えていきたい。

生徒B
良い視点での疑問が多くて、私も発見がたくさんありました。
ように変わりましたか？そのことについてあなたはどう思いますか？
学習前、中、後を振り返ってみて、疑問を持つことでそれについて詳しく知ることができて深く理解できる。今回の勉強を通してかわったところは大尉風の進路や強さについてです。ニュースとかでよく見るやつの見方が変わり、意味がしれてとても良いことを学べたと思いました。
台風

図7 生徒A、生徒Bの自己評価

値付けを行っていた。

　このように、授業を通して、生徒自身が「なぜ理科を学ぶのか」を問い続けながら、学習の意義を見つけていく姿を見取ることができた。この「本質的な問い」は中学生には難しいので

はないかと考えていた私にとって、生徒たちの反応は想定を超えたものであり、生徒を信じることが生徒の学びを深めることにつながるのだと強く感じた。

5 ロイロノートを活用したOPPシート

　OPPシートの配付および回収はロイロノートで行った。生徒は1人1台の Chromebook を持ち、Googleアカウントが発行されている。授業中にロイロノートを使った活動を多く取り入れているため、その流れで記入しやすいロイロノートを利用したが、Google Classroom でも一人一人にシートを配付し、回収することが可能である。

　ロイロノートはペン書きが可能であるため、生徒が手書きの図で学習内容をまとめたり、教師がチェックする際、手書きで線を引いたり、花丸を付けたりすることもでき、自由度が高い。

　まず、PDF化したOPPシートにロイロノート上で入力用の枠を設定し、共有フォルダのあ

る「資料箱」にデータを保存する。生徒は「資料箱」にアクセスをしてシートを受け取り、タイピングまたはタブレット上に手書きでシートの記入を行い、「提出箱」に提出する。教師は一つの画面で全員分のシートを確認することができ、紙をめくる手間もかからない。各データは生徒と教師の個人間でのやりとりとなっているため、秘匿性も確保されている。

　OPPシートをデジタル化したことによって、印刷作業が不要となっただけでなく、シートの確認に要する時間が格段に短くなった。また、生徒のOPPシートがロイロノート上に保存されるため、紛失する心配がないというメリットもある。

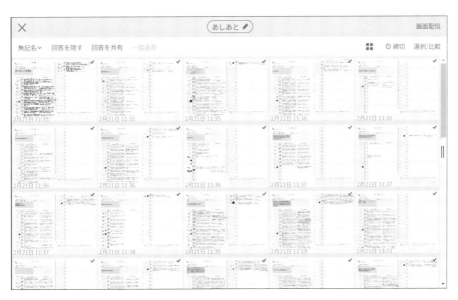

図8 ロイロノート「資料箱」の教員確認画面

9 変わるべきは教師自身

生徒の学びをサポートする存在に

3年
化学変化と
イオン

教師がわかりやすく伝えれば生徒は理解してくれる。そう思い込んでいたけれど、生徒の反応は受け身になるばかり。思い切って生徒を信じ、OPPシートの記述をもとに授業改善したら、生徒は自ら学ぶ姿を見せてくれた。

OPPAを通した教師の変容

Before

教師がわかりやすく説明すれば生徒は理解できる。そして、内容が理解できれば、理科を好きになる。そう信じて、教師が頑張る授業をしていた。一部の生徒の反応や表情、教室の雰囲気といった曖昧なもので理解度を確認しながら授業を進めていた。それでよい授業ができていると思っていた。

After

教師が説明しなくても、生徒は自分たちの力で学んでいくと実感した経験から、教師の役割は「生徒の学びをサポートすること」だと考えるようになった。生徒の興味や疑問を中心に授業を構成するようにしたので、今までは見られなかった生き生きとした姿があり、教師の想定を超えた生徒の学びが見られた。

OPPシートの構成

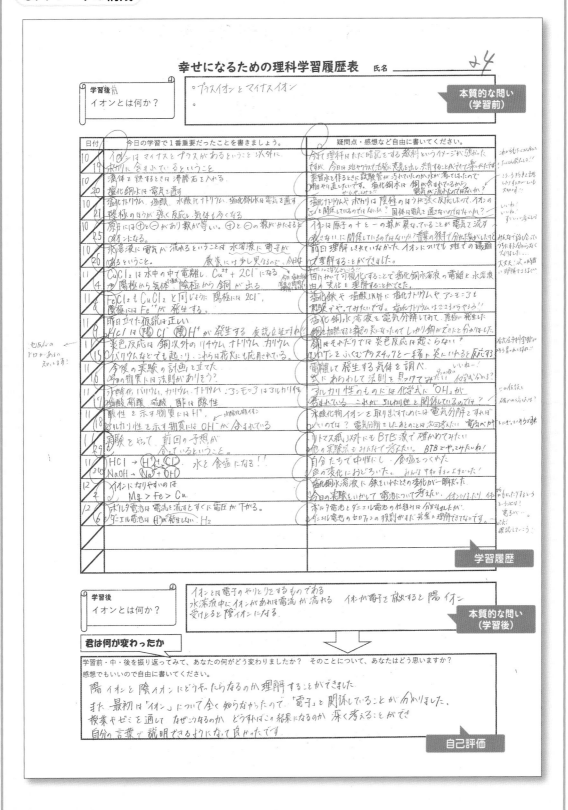

幸せになるための理科学習履歴表　氏名 _____

学習後前
イオンとは何か？

・プラスイオンとマイナスイオン
・

本質的な問い（学習前）

日付	今日の学習で1番重要だったことを書きましょう。	疑問点・感想など自由に書いてください。

学習履歴

学習後
イオンとは何か？

イオンとは電子のやりとりをするものである
水溶液中にイオンがあれば電流が流れる　イオンが電子を放出すると陽イオン
受けると陰イオンになる.

本質的な問い（学習後）

君は何が変わったか

学習前・中・後を振り返ってみて、あなたの何がどう変わりましたか？　そのことについて、あなたはどう思いますか？
感想でもいいので自由に書いてください。

陽イオンと陰イオンにどうやったらなるのか理解することができました.

また、最初は「イオン」について全く知らなかったので、「電子」と関係していることが分かりました.
授業やゼミを通して、なぜこうなるのか、どうすればこの結果になるのか深く考えることができ
自分の言葉で説明できるようになって良かったです.

自己評価

3年「化学変化とイオン」

指導目標

● 水溶液の電気的な性質、酸とアルカリ、イオンへのなりやすさについての観察、実験などを行い、水溶液の電気伝導性、中和反応、電気の仕組みについて、イオンのモデルと関連付けて微視的に捉えて理解できるようにする。

● 化学変化について、見通しをもって観察、実験などを行い、イオンと関連付けてその結果を分析して解釈し、化学変化における規則性や関係性を見いだして表現できるようにする。

● 学習内容が、日常生活や社会の中にもあてはまることに気付き、物質に対する興味・関心を高められるようにする。

学習の流れ　※はOPPシートから教師が気付いたこと

時数	学習内容
1	● OPPシートの「本質的な問い」に回答する。「イオンとは何か」 ● 身の回りのイオンを探す。 ※イオンは実生活と遠いものというイメージが多数。 ※ドライヤーのマイナスイオンから、イオン=電気が関わるイメージがある。
2-4	● 実験1「水溶液に電流が流れるか」 ※電流が流れる=電子の移動という既習事項に到達しない。
5-6	● 原子の構造、イオンの化学式 ※原子の構造から電子に秘密があることに気付いた生徒が多数。
7	● 実験2「塩化銅の電気分解」 ※電気分解中に電極をつなぎかえたときの変化から+・−の電気の力が関わっていることを推測している生徒が多数。
8	● 実験3「電気分解と電離」 ※2□と□₂と□²⁺が出てきて混乱している生徒が多数。
9	● イオンの化学式の数字の意味
10-12	● 実験4・5「酸とアルカリの正体」
13-14	● 実験6「中和反応」
15-16	● イオン化傾向
17	● ボルタ電池
18	● 化学電池から大きな電流を取り出す。
19-20	● 実験7「ダニエル電池」
21	● OPPシートの「本質的な問い」に回答する。 ※イオンが実生活と関わりが深いことに気付いた。

❶ 生徒が気付かせてくれた一方通行の授業

　私が考えていた理想の授業は、「教科書の内容や理科の知識を子どもたちにわかりやすく伝える授業」であった。それがよい授業で、教師の役割だと思っていた。教科書の内容がわかれば、生徒が理科を好きになってくれる。そう信じていた。そのため、教科書の内容をわかりやすく伝えることを目的として、説明を考え、板書を計画し、プリントを作成するなどの授業準備を行っていた。

　授業では、教師が誰よりも言葉を発し、教科書の内容や理科の知識を多くの時間を使って説明した。生徒は説明を聞いたり、板書を見てプリントやノートに書き写す。こちらの指示通りに生徒は動き、ほぼ教師の想定通りの授業が進んだ。図1のように、授業後の生徒のOPPシートには、授業の内容がそのまま書かれていたり、教科書のまとめを書き写したものが多かった。OPPシートの見取り方も、授業で扱った内容が正しく書かれていたら「今日の内容は理解してくれた」、そうでなければ「授業内容の理解が不十分」と判断していた。教師の役割が「教科書の内容や理科の知識を子どもたちにわかりやすく伝えること」であると思っていたときは、このような授業や生徒の様子に違和感を抱かなかった。

　しかし、OPPA論を学んでから改めて生徒のOPPシートを見返すと、私の授業が生徒にとってどのようなものであったかが顕著に表れていたことに気が付いた。

　生徒が自分の言葉で表現していないのは、思考が止まっている証拠であった。生徒たちの中で、理科の授業は先生の話を静かに聞き、指示通り動くことがよいと捉えられていた可能性が高い。また、図1のように、自由に記入できる感想・疑問欄に何も書かれていないことが多かった。このことから、授業や学習に対して完全に受け身であったことが推察できる。

　教師がわかりやすく伝えることを重視するあまり、教師の一方通行の授業になっていた。

　生徒のOPPシートがそのことに気付かせてくれた。

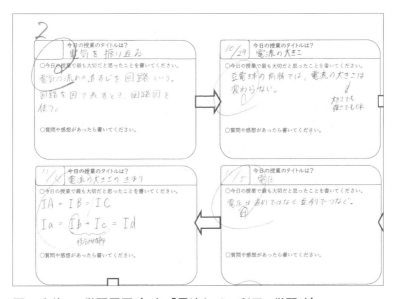

図1　生徒Aの学習履歴（2年「電流とその利用」学習時）

生徒に理科を好きになってほしいという自分の願いに反して、理科への興味をもてなくなっている生徒を見て、何を改善したらよいのかわからなくなっていた。劇的な変化を求め、授業に様々な工夫を試みるも、手応えが毎時間は続かない。だんだんと授業に対して自信がなくなっていった。

そのタイミングで「理論負荷性」を知り、「教師のわかりやすいが、生徒にとってわかりやすいとは限らない」ことを学び、教師が一生懸命説明したところで、クラス全員を理解させることは難しいと思い至った。では、どんな授業をすればいいのかと迷っていたところ、先輩から「生徒を信じて待つ」というアドバイスをいただいた。

そのアドバイス通り、生徒の興味や疑問から「問い」を設定し、あとは生徒自身がその答えを見つけるという授業に思い切って挑戦してみた。初めは授業中に教師がほとんど説明しないこと、生徒に任せきりになってしまうことに不安を感じたが、OPPシートの記述がそんな不安を一掃してくれた。

生徒Bは「今まで理科はただ暗記をする教科というイメージが強かったですが、今日は班やクラスで活発に意見を出し、共有することができて楽しかったです」と記述した（図2）。教師の説明を聞くだけよりも、自分たちで意見を出し合うことに楽しさを見いだしていることがわかる。

また、生徒Cは、授業中のクラスメイトとの会話からドライヤーにマイナスイオンを発生する装置があることに気付き、「イオン➡電気と関係有!!」と記述している（図2）。教師が誘導しなくとも、自分たちの力でイオンと電気の関係性を導き出していた。

この1回目の授業での生徒とのやりとりを通して、私の不安は一掃され、この方法で間違えないという確信に変わった。教師が教え、導かなければ生徒は学ばないというのは誤りで、かえって教師が必要以上に介入することで、生徒の学びを邪魔してしまっていた可能性があることに気付いた。

教師の役割は「教科書の内容や理科の知識を子どもたちにわかりやすく伝える」ことではなく、「生徒が学んでいくのを支援する」ことや「生徒とともに授業をつくっていく」ことであるというように、考えが変わった。

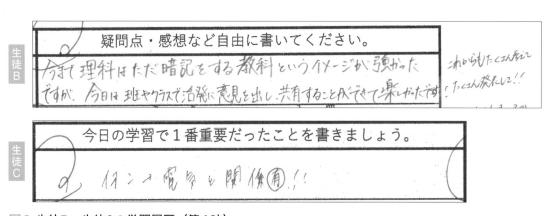

図2 生徒B、生徒Cの学習履歴（第1時）

❸ 毎回の授業で「問い」を重視

授業に対する考えが変わり、知識ではなく概念形成を目指し、「問い」を重視した。表1は、実際に授業で用いた「問い」である。具体的に三つの点を意識した。

①授業開始時に前時のOPPシートの記述内容を紹介して、他の人の考えや思考を共有すること。

②前時のOPPシートの記述をもとに、互いに努力すれば届きそうな「発達の最近接領域」付近の「問い」を設定し、生徒自身が「問い」の答えを探すこと。

③活動中は、生徒を支援したり、生徒が学んだことを自分の言葉で説明できるよう問いかけたりすること。

第2時の授業では、「電流が流れる水溶液の条件は何か」という「問い」を生徒に投げかけた。図3の生徒Dは「何がどうなって発生しているのか知りたいです」と書いており、実験で生じた現象がなぜ起こるのか知りたいという気持ちになっていることがわかる。教師から答えを与えられないことで、「知りたい」という学習意欲や、「調べて確かめよう」という学習目標につながったと考えられる。

学習目標をもてるようになった生徒の割合を調査すると、授業改善前は48％、改善後は93％にアップした。主体的に授業に取り組んでいる様子が見て取れる。

表1 授業で設定した「問い」

時数	設定した問い	時数	設定した問い
1	イオンとは何か。（どこにあるか。）	12	アルカリとは何か。
2	電気が流れる水溶液の条件は何か。↑1時限目の意見から	13	酸とアルカリを混ぜるとどうなるか。
3		14	
4		15	塩化銅に鉄くぎを入れると銅がつくのはなぜか。
5	電子はどこからやってくるのか。	16	
6	原子が+や−になるのはなぜか。	17	ボルタ電池は電気が流れるのか。
7	塩化銅に電流を流すとどのようになるか。	18	化学電池から大きな電流を取り出すにはどうすればいいか。
8	電気分解と電離の違いは何か。		
9	$2\square$と$\square_2$と$\square^{2+}$の違いはなんだろうか。	19	ダニエル電池とボルタ電池の違いは何だろうか。
10	酸とは何か。	20	
11		21	イオンとは何か。

図3 生徒Dの学習履歴（第2時）

④ 教師の想定を超えた生徒の学び

改善後の授業では、「問い」の答えを生徒が自ら探究していくようになったので、生徒の学びが教科書の内容や教師の想定を超えることもあった。

生徒Cは、第5時の授業後のOPPシートに「油に砂とうとかがとけないのって油には極性がないから？ですか？」と書いており、疑問の答えを自分で調べ、水の極性に秘密があることを突き止めた（図4）。

生徒Eは、第16時の授業後のOPPシートに「イオン化列」を書いており、教科書に載っていないイオン化列を自分で調べ、まとめていた。

このように、授業改善後の「問い」を中心とした授業では、生徒の学びが多様であり、時に学習すべき内容を超えた学びにつながっていた。

また、生徒の記述は、「問い」や授業計画を立てる際に非常に参考になる。第8時の授業では「電気分解と電離の違いは何か」という「問い」を立てた。生徒Dと生徒Fは、電離の様子を式で表すときに「$2\Box$と$\Box_2$と$\Box^{2+}$の違い」がよくわからなかったと素直に書いている（図5）。この記述を見たときに、生徒D、生徒Fと同様に、疑問に感じている生徒もいると考え、次時の授業計画を変更した。そして、「$2\Box$と$\Box_2$と$\Box^{2+}$の違いはなんだろうか」という「問い」に、クラス全体で取り組んでいった。授業終了後に、生徒Gは「ずっと$2Cl$とCl_2の違いが分からなかったけど、くっついているかくっついていないかということが分かってスッキリした」と書いていた（図6）。OPPシートの記述をもとに授業を計画すれば、生徒の実態に合わせた授業が可能になる。

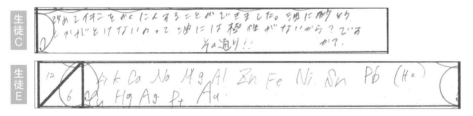

図4 生徒C、生徒Eの教師の想定を超えた学びが表れた学習履歴（第5時・第16時）

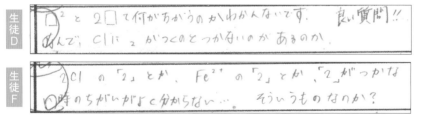

図5 生徒D、生徒Fの学習履歴（第8時）をもとに授業計画を変更

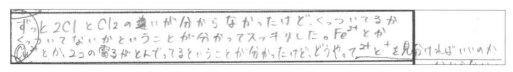

図6 生徒Gの学習履歴（第9時）

5 生徒の資質・能力は育成できたか

生徒に育成したい資質・能力の中には、「学びに向かう力、人間性等」といった数値では測れない「非認知能力」も含まれる。生徒の自己評価欄には、理科での授業を通して、生徒の資質・能力が向上したと見取ることができる記述があった。

単元学習後、単元を通して「何が変わったか」という質問に対して、生徒Hは「知識以外で言うと、積極的になった気がする」、生徒Iは「物事を知ろうとする気持ちが強くなった」、生徒Dは「実験をたくさんやって、自分たちで理解したり検証したりしてとてもわかりやすかった。今までは、その反応とかを覚えるだけだったけど、今回は最初から最後まで、どうしてそうなるのか、しっかりと理解できた」、生徒Jは「知識を増やしたり、たくさん調べたりすることで、さらに『なぜ？』と思う疑問が生まれて、そこを深堀りすることで、深く、広く、知りたいことが広がっていくと分かった。僕は今後、化学にとどまらず、他の理科の分野について理解していきたい」、生徒Bは「自分の言葉で説明できるようになって良かったです」などと書いていた（図7）。このような生徒の記述から、理科の授業が、生徒の資質・能力を育む一助になれたと感じている。

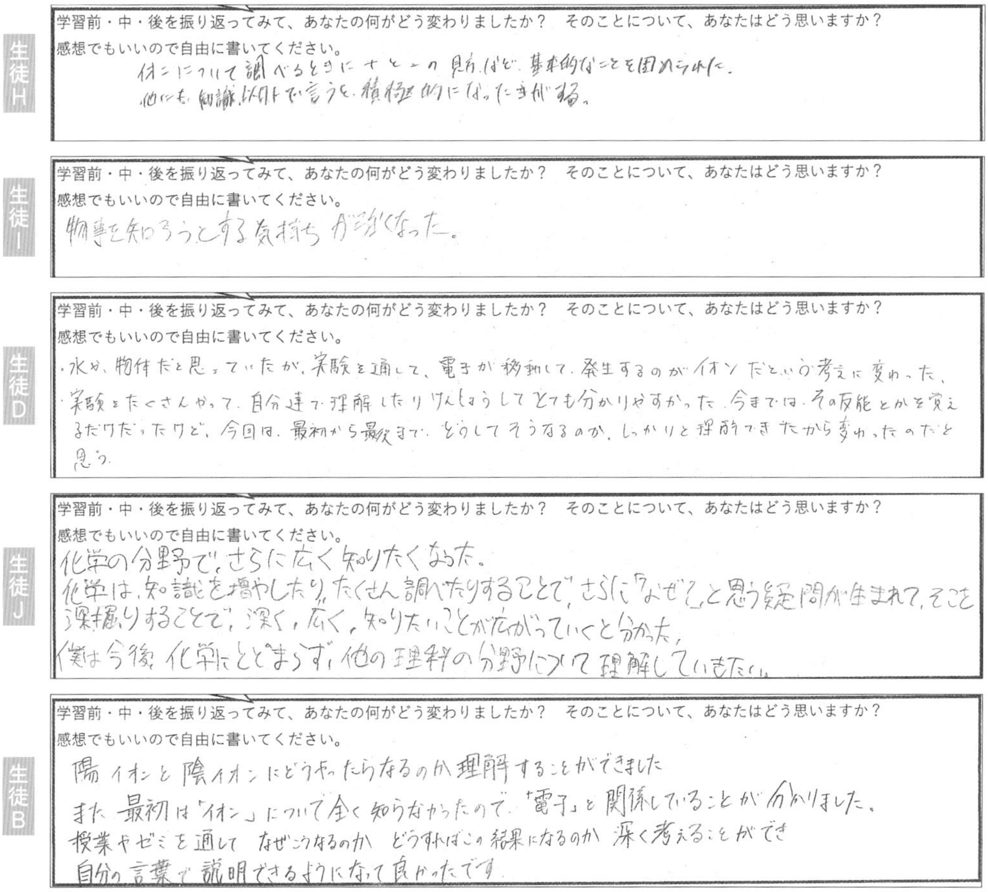

生徒H

学習前・中・後を振り返ってみて、あなたの何がどう変わりましたか？　そのことについて、あなたはどう思いますか？
感想でもいいので自由に書いてください。

イオンについて調べるときに＋と－の見方など、基本的なことを固められた。
他にも、知識以外で言うと、積極的になった気がする。

生徒I

学習前・中・後を振り返ってみて、あなたの何がどう変わりましたか？　そのことについて、あなたはどう思いますか？
感想でもいいので自由に書いてください。

物事を知ろうとする気持ちが強くなった。

生徒D

学習前・中・後を振り返ってみて、あなたの何がどう変わりましたか？　そのことについて、あなたはどう思いますか？
感想でもいいので自由に書いてください。

・水が、物体だと思っていたが、実験を通して、電子が移動して、発生するのがイオンだという考えに変わった、
・実験をたくさんやって、自分達で理解したりけんしょうしてとても分かりやすかった。今までは、その反能とかを覚えるだけだったけど、今回は、最初から最後まで、どうしてそうなるのか、しっかりと理解できたから変わったのだと思う。

生徒J

学習前・中・後を振り返ってみて、あなたの何がどう変わりましたか？　そのことについて、あなたはどう思いますか？
感想でもいいので自由に書いてください。

化学の分野で、さらに広く知りたくなった。
化学は、知識を増やしたり、たくさん調べたりすることで、さらに「なぜ？」と思う疑問が生まれて、そこを深掘りすることで、深く、広く、知りたいことが広がっていくと分かった。
僕は今後、化学にとどまらず、他の理科の分野について理解していきたい。

生徒B

学習前・中・後を振り返ってみて、あなたの何がどう変わりましたか？　そのことについて、あなたはどう思いますか？
感想でもいいので自由に書いてください。

陽イオンと陰イオンにどうやったらなるのか理解することができました
また最初は「イオン」について全く知らなかったので「電子」と関係していることが分かりました。
授業やゼミを通して　なぜこうなるのか　どうすればこの結果になるのか　深く考えることができ
自分の言葉で説明できるようになって良かったです

図7 生徒H、生徒I、生徒D、生徒J、生徒Bの自己評価

10 「生徒の学びに教師が寄り添う」授業へ

教育観の変容についての自己分析を通して

生徒のつまずきそうな箇所を先回りして支援し、立て板に水のごとく授業を流していた。しかし、それでは生徒の学びになっているとは限らない。多様な生徒の学びを把握したことで、それらを生かす教師でありたいと考えるようになった。

OPPAを通した教師の変容

Before

限られた時間の中で、いかに生徒たちに観察、実験などの活動をさせるかを考えていた。そのため、つまずきそうな箇所を想定して、素早く支援することで授業が流れるように進めれば、生徒の学びを最大限引き出すことにつながると考えていた。また、そこでのレポートなどの成果物から生徒の学びを見取り、把握できていると考えていた。

→

After

OPPシートによって、生徒自身が価値を見いだした部分を把握することで、教師は根拠をもって支援することができる。その支援が、教師のねらい通りにならないこともあるが、新たな学びを引き出していくことにつながる。それらをもとに授業改善をすることが、生徒が主体となる授業の在り方の一つだと実感する。

OPPシートの構成

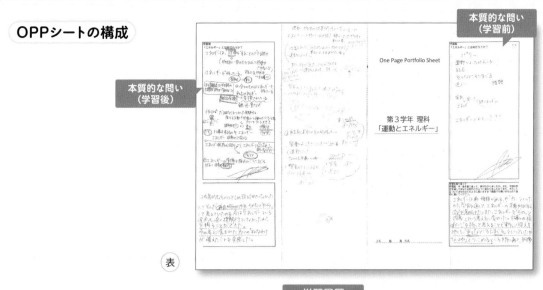

本質的な問い（学習後）

本質的な問い（学習前）

表

学習履歴

裏

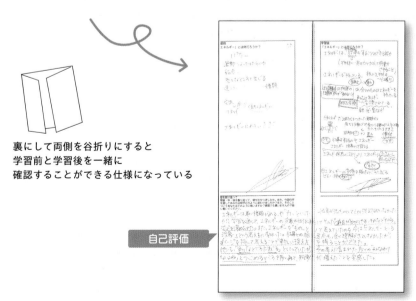

裏にして両側を谷折りにすると
学習前と学習後を一緒に
確認することができる仕様になっている

自己評価

3年「運動とエネルギー」

指導目標

- 物体の運動とエネルギーについて、日常生活や社会と関連付けながら理解するとともに、それらの観察、実験などに関する技能を身に付けるようにする。
- 物体の運動とエネルギーについて、見通しをもって観察、実験などを行い、その結果を分析して解釈し、規則性や関係性を見いだして表現するとともに、探究の過程を振り返るなど、科学的に探究するようにする。
- 物質やエネルギーに関する事物・現象に進んで関わり、科学的に探究しようとする態度を育成する。

学習の流れ
※はOPPシートから教師が気付いたこと
「　」は学習テーマ

時数	学習内容
1	● OPPシートの「本質的な問い」に回答する。 ➡ **1**「エネルギーとは何か」 ※エネルギー、力、運動を混同している生徒が多数いる。 ※エネルギーの移り変わりは、主に発電で捉えている。
2-7	● 物体が運動するとはどういうことか、 　運動に関する自由試行の中から問いを立て、探究する。
8-13	単元1　運動の規則性 「物体の運動はシミュレーションできる」 ● 運動する物体の規則性について探究し、表現する。
14-19	単元2　物体の受ける力と運動 「動く、止まる、浮く、沈む」 ● 浮力などの物体に働く力と運動の関係について探究し、表現する。
20-25	単元3　仕事とエネルギー 「仕事は楽にできる」 ● 仕事とエネルギーについて探究し、表現する。
26-29	単元4　エネルギーの保存と移り変わり 「すべての物体はエネルギーをもっている」 ● エネルギーを保存と変換の視点から探究し、表現する。 ※単元1〜4を通して、多様な学びの価値とそれに応じた支援計画の重要性に気付いた。
30	● OPPシートの「本質的な問い」に回答し、自己評価欄に記入する。➡ **1**

1 「本質的な問い」の設定
「エネルギーとは何か」

本単元で作成したOPPシートでは、「本質的な問い」を「エネルギーとは何ですか?」と設定した。その理由は以下の2点である。

(1)学習前の生徒の考えを表出させる

「エネルギー」は科学用語である。しかし、日常生活でも用いられ、人が何かの物事を成し遂げる原動力や活力、エネルギー資源などの意味をもつ言葉として捉えられている。そのため、生徒にとっては馴染み深さがあり、多義性もある言葉である。このエネルギーという言葉を「本質的な問い」とすることで、生徒が学習前にもっているエネルギーについての概念や考え方を表出しやすくなるとともに、その考え方の単元を通した変容を生徒自身が自覚しやすくなると考えた。

(2)中学校3年間の学習の系統性

中学校3年間のエネルギー領域での学習では、第1学年で光・音・力の身近な物理現象、第2学年で電流とその利用について学習する。第3学年ではこれまでの学びも含めて、物理現象をエネルギーの変換で捉えることになり、生徒の「エネルギー観」が変容しやすいと考えた。

生徒Aの学習前の「本質的な問い」から、エネルギーを化学変化や運動などで生じるものとして捉えていることや、熱や電気、光をエネルギー資源のように捉える自分の考え方に自信がないことを見取ることができる。学習後には、エネルギーが生じると捉えていた各種の現象がエネルギー変換であることやエネルギーの保存についての記述が見られる。このことから、生徒の「エネルギー観」がより科学的に形成されるようになったと考えられる。

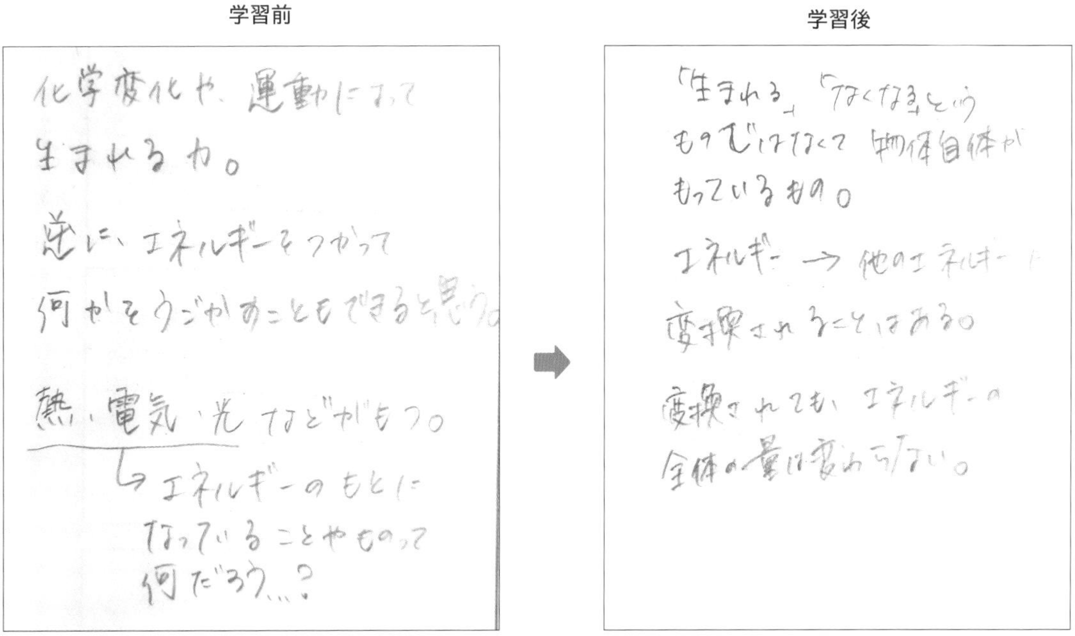

学習前　　　　　　　　　　　　　学習後

図1　生徒Aの学習前・後の「本質的な問い」に対する回答

本項では、私の教育観の変容とともに教育実践にどんな変化が起こったかを、教育観の変容前、変容までの試行錯誤期、変容後に分けて自己分析しながら述べていく。

【変容前】

変容前とは、私がOPPシートを授業実践に取り入れ始めた頃を指す。この頃の私は授業は限られた時間内で、いかに生徒たちに観察、実験などの活動をさせるかを授業づくりの中心に据えていた。教材研究に取り組み、観察や実験をできる限り単元計画に組み込んで、体験的な学びを充実させることが最もよい授業改善だと捉えていた。生徒の多様な学びには目もくれず、いかに「指導目標」を達成するかを考えていた。振り返ると、教師側の都合で実施される授業が多かった。生徒の「本質的な問い」や「今日の授業で一番大切だと思ったこと」への記述も授業の最後にまとめた内容が反映されただけのものが多く、OPPシートを活用することに価値を見いだせないでいた。「本質的な問い」の設定や授業後の記述の見取りに、その効果を実感することができなかった。

【試行錯誤期】

試行錯誤するようになったきっかけは、OPPA論について学んだことによって、生徒の「学習目標」に着目し、本単元のように、探究を数時間まとめて設定した単元を実践するようになったことだった。当時、生徒の活動は見えていても何が生徒の学びになっているのかを把握できず、OPPシートの記述を分析する必要に駆られたのである。

ただ、それまで生徒の学びを見取ろうとしてこなかった私にとって、OPPシートは情報過多で、生徒の記述へのフィードバックにも大きな負担感が伴った。また、自分自身の見取りにも自信がもてなかった。

【変容後】

このような状態の中、うまくいかない自分を受け入れたことをきっかけに私の教育観は変容していった。「教師がいかに優れた授業を計画し、実践するか」という観点から、「生徒の学びを充実させるために教師がどのように計画し、支援していくか」という観点に変わり、OPPシートの見取りや生徒へのフィードバックも変化した。図2では、私のOPPシートの見取りやフィードバックの変容を生徒Bの記述に沿って具体的に例示した。

変容前の見取り		試行錯誤期の見取り
実験の論点がずれているならば、教師が授業での説明を改善しなければならない。	→	自分の課題を把握できているのだから、これは学びと言えるのではないか。

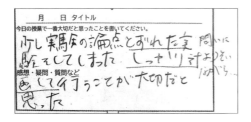

		変容後（現在）の見取り
		探究における計画の大切さを、自分の探究の過程を振り返って学んでいる。論点とずれているとあるので、自分が設定した課題（問い）に視点を向けさせるフィードバックを行うことで、計画を立てるときの視点を与える支援になるだろう。

図2 記述の見取り方が変容した例

3 支援の変容についての自己分析
生徒の学びを充実させる支援

教育観の変容に伴い、生徒の学びを充実させるために、教師がどのような支援をしていくべきかという視点を大切にできるようになった。そこで、本項では教育観の変容前、試行錯誤期、変容後に実施していた支援の具体例を挙げながら、比較していく。

【変容前】

変容前は授業計画と同様に、教師の指導目標を達成するための行為が生徒への支援であると捉えていた。具体的な支援の例としては、観察、実験の方法が伝わるように、学習プリントの方法欄の図や写真を充実させたり、教師が操作している様子を動画にして示したりした。分析し、解釈する場面では、生徒へのヒントカードを用意した。これらの支援は、変容後の現在も行っており、生徒の学びを充実させるためには欠かせない手立てである。しかし、生徒の学びという視点を欠いてこれらの支援を行うことで、生徒自身の気付きの機会や思考を通して納得する機会を奪うことがあったように思われる。

【試行錯誤期】

次に、試行錯誤期の支援は、生徒の多様な学びを尊重して対応しようとしていた。具体的な支援の例として、生徒が必要とする器具や材料をできる限り提供した。しかし、生徒の要求は多岐にわたり、対応することが困難であった。しかも、場当たり的に提供することで、安全管理のための活動の把握に時間を割くことになり、活動を通した生徒の学びがよく見取れないという事態に陥った。そのため、物品以外での支援の機を逸してしまうことが多く、生徒から要求があったり、明らかに学びが停滞した状態に陥ったりしなければ支援ができなかった。

【変容後】

現在行っている具体的な支援の例を示す。

図３は単元１で見られた生徒Bの記述である。Bはだるま落としを用いて、慣性についての探究を行っていた。しかし、探究の途中で、だるま落としで見られる現象とその要因である慣性や摩擦力を関連付けられずにいた。そこで、ドライアイスや台車を用いて、同じく慣性についての探究を行っていた班がいることを授業中に伝え、その時点までの成果を共有するようにすすめた。その結果、慣性の法則が物体の運動全体に適応できることを実感したと見取ることのできる記述となった。

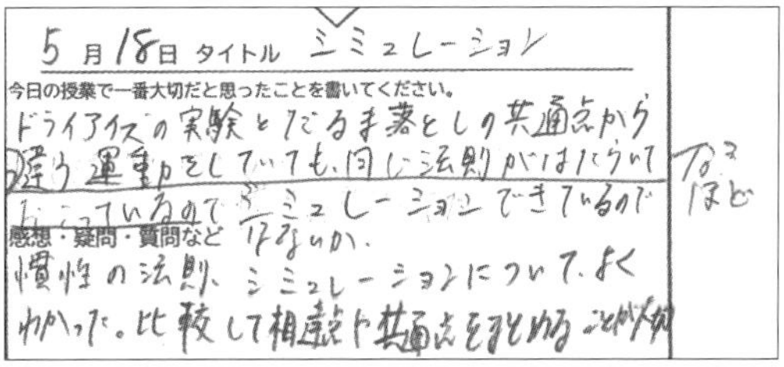

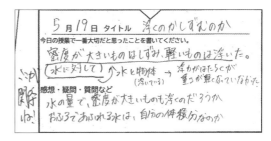

図３ 生徒Bの学習履歴（第**11**時）

図４は単元２で見られた生徒Cの記述である。この記述からは物体の浮き沈みについて、密度の違いに原因を見いだしていることが明らかであった。そこで、次時に船が海に浮かぶ現象を提示した。これをきっかけに、アルミホイルを用いて、様々な形の船のモデルを作成し、船のモデルにおもりを入れていく実験を行っていた。

図４ 生徒Cの学習履歴（第**14**時）

教育観の変容に伴い、私の教師観と生徒観も大きく変容した。

【変容前】

変容前の私は、教師が授業の主体であり、教師の力量のみが生徒の成長につながると捉えていた。そのため、生徒は教師が教えるべき対象であり、「指導目標」をどれだけ達成したかを常に教師が設定した評価基準によって判断していた。誤解を恐れず言えば、最終的には「A、B、C」や「1、2、3、4、5」で学力を測定する対象のように接していた。つまり、教師が設定した基準という一側面からのみ生徒を見取っていたのである。さらに、「B」や「3」以上の段階に生徒を到達させ、それを効率的に行うことが優れた教師であると考えていた。

【変容後】

変容後も、私は教師が生徒の成長を促す立場であり、教師の力量が生徒の成長につながるという考えを変わらずもっている。しかし、学びは教師だけが成立させるものではないと、確信をもって言えるようになった。生徒自身の特性（例えば、生徒が有している学ぶ力、生徒の多様な学び方等）を把握して、生徒の学びを充実させるように関わることを何より優先している。また、教師が見取りきれないところは、生徒と関わりながら把握することができると考える。このことから、生徒は指導の対象であると同時に、共に授業をつくる相手でもある。加えて、教師が学び、自身の授業を改善するために、最も重視すべき対象である。生徒の学びを把握しなければ、変容前の私のように、教師の視点でしか授業改善ができず、生徒が主体になる授業が遠のいてしまうだろう。 変容前と変容後の具体例を、図5の生徒Dの記述分析を通して述べる。

図5では、実験で結果を得て、分析して解釈

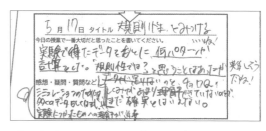

図5 生徒Dの学習履歴（第10時）

する活動にさしかかっているにもかかわらず、「規則性では？」としか考えられていない。変容前の私ならば、この記述を見た時点で「C」段階と評価していただろう。生徒に分析・解釈させることができていないため、授業も大いに課題が残るものと捉えていただろう。そして、次時とのつながりをイメージしない、ぶつ切りの授業を展開していたはずである。

変容後の私は、授業中の観察とこの記述から、条件を制御しながら「何パターンか計算」できるまでに実験でデータを得たことを見取ることができた。また、データ量への言及から、生徒が実験でどのように変数をとっていたかを把握できていなかったことを自覚した。そのため、次時にDの班に直接確認し、必要に応じて支援を行った。その結果、図6の記述の通り、発見した規則性をグラフ化した後に式化して表現することができた。教師と生徒の関わり合いがあったからこそ、到達できた学びであると考える。

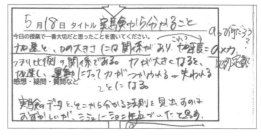

図6 生徒Dの学習履歴（第11時）

134

5 教科観の変容についての自己分析
理科の学びを通して育成される資質・能力

最後に、私自身の教科観の変容を分析していく。学習指導要領が示す目標を達成することは、理科授業において大切な指針である。しかし、変容前の私はその指針に則って、前項で述べた通り「指導目標」を定めていたため、それ以外の生徒の学びを捉えられていなかった。変容後の現在は、授業を通して表れる生徒の多様な学びに価値を見いだせるようになった。これは生徒が理科を学ぶ中で育成される資質・能力を広い視点で見取れるようになったからであると捉えている。本項では、生徒の記述を例に、具体的にどのような資質・能力が、理科の学びを通して生徒に育成されているかを示す。

図7は単元2の全体議論後の生徒Eの記述である。この学級は単元2の全体議論を通して、「運動する物体に働く力と運動の変化について」「浮力の大きさとその要因について」の2点で学級内での合意が形成された。生徒Eは全体議論における各班の発表を聞いて、自分の班と比較し、特に浮力の大きさの要因について納得していた。そして、図7の記述からは、答えそのものよりも、納得に至るまでのプロセスの重要性を学んでいることが見取れる。これは協働的な問題解決に必要な資質・能力の大切な萌芽であり、今回の実践において生徒の探究を中心に置いた成果であると考える。

図8は単元2の探究活動を経た生徒Fの記述

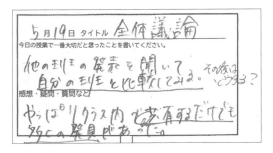

図7 生徒Eの学習履歴（第18時）

である。Fは「水圧や浮力が生じるのはなぜか？」という問いを立てて探究していた。そして、水の液体としての粒子運動をモデル化し、水圧と浮力を説明しようとして、図のように記述した。この図を見る限り、浮力の本質まではたどり着けていないが、Fはこの学習からモデルで考えることの必要性を感得している。これまでの学習で活用してきた粒子モデルや原子・分子モデル等の理解度も高い生徒であったが、この学習を通して世界を粒子で捉えようとする見方が深まったことが見取れる。

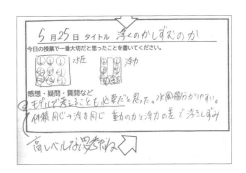

図8 生徒Fの学習履歴（第19時）

ここで取り上げた記述以外にも、生徒は多様な学びを実現している。生徒はそれぞれが「学習目標」を立てながら、授業に参加しているのだから当然と言える。そして、その目標の数だけ、生徒の学びは存在し、それぞれの資質・能力が育成されていく。それらを把握する手立ての一つとしてOPPシートは有効である。

ただし、先に述べた通り、理科の授業において、学習指導要領が示す目標を達成することも大切である。これらの指導目標に到達するための学びが、OPPシートに必ずしも表現されるとは限らない。どちらも充実させるのは簡単なことではないが、生徒の学びに寄り添いながら授業改善に努め、一歩ずつ近付いていきたいと強く求めるのが、今の私の教師像である。

付録 OPPシートのテンプレート（2種）

使用にあたって

● 紙の場合は、A3用紙に印刷して使用してください。

● 学習者が記述するスペースを確保するために、学習履歴欄は六つか七つ程度に収めるとよいです。学習履歴欄の数が足りない場合は、OPPシートを複数枚使用し、むやみに欄を増やさないようにしましょう。

ダウンロードにあたって

付録のテンプレートは、東洋館出版社オンラインからダウンロードすることができます。下記のユーザー名とパスワードが必要になります。以下の手順でダウンロードしてください。

❶東洋館出版社オンラインにある「付録コンテンツページ」にアクセス。
　https://toyokan-publishing.jp/download/

❷対象書籍の「付録コンテンツ」ボタンをクリック。下のユーザー名、パスワードを入力し、「ログイン」をクリック。

ユーザー名	oppa	パスワード	vX3Bw5Vr

注意点および著作権について

● Microsoft Office ExcelおよびMicrosoft Office Wordで作成し、Excel 97-2003ワークシートおよびWord 97-2003 文書の形式で保存しています。お使いのOSやアプリケーションのバージョンによっては、レイアウトが崩れる可能性がありますので、あらかじめご了承ください。

● 著作権法での例外規定を除き、無断で複製することは法律で禁じられています。

● 収録されているファイルは、営利目的であるか否かにかかわらず、第三者への譲渡、貸与、販売、頒布、インターネット上での公開等を禁じます。

● ただし、購入者が学校で必要枚数を児童生徒に配付する場合は、この限りではありません。ご使用の際、クレジットの表示や個別の使用許諾申請等の必要はありません。

免責事項・お問い合わせについて

● ファイル使用で生じた損害、障害、被害、その他いかなる事態についても弊社は一切の責任を負いかねます。

● お問い合わせは、次のメールアドレスでのみ受け付けます。tyk@toyokan.co.jp

● パソコンやアプリケーションソフトの操作方法については、各製造元にお問い合わせください。

OPPシート（タテ）　学習履歴欄に「タイトルをつけよう」を加えてもよいでしょう。

OPPシート

年　組（　）氏名 _____

学習前

	日付	今日の授業で一番重要だと思ったこと、一番大切だと思ったことを書きましょう。	疑問点や感想など何でもよいので自由に書いてください。
①	月　日		
②	月　日		
③	月　日		
④	月　日		
⑤	月　日		
⑥	月　日		
⑦	月　日		

学習後

君は何か変わったかな？

学習前・中・後を振り返ってみて、何がわかりましたか？また、今回の勉強を通してあなたは何がどのように変わりましたか？そのことについてあなたはどう思いますか？感想でもかまいませんので自由に書いてください。

OPPシート（ヨコ）

紙の場合は、表と裏を両面印刷してください。
「保護者より一言」の欄は削除、あるいは別の用途に使用してもよいでしょう。

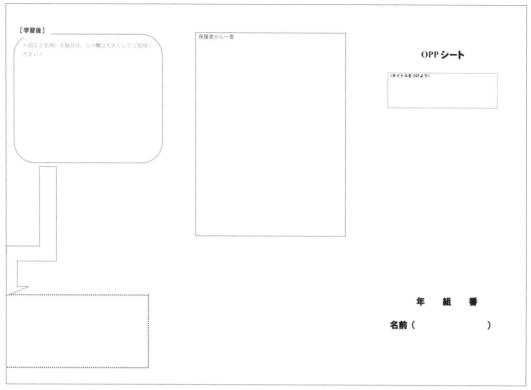

表

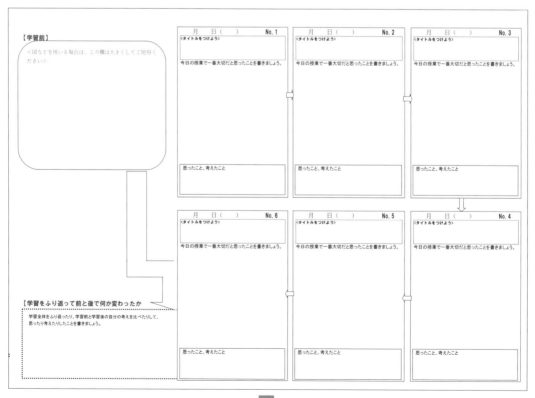

裏

おわりに

本書の編集方針として、各実践において、「本質的な問い」の設定理由（効果）を記載している。執筆者の中には、当初「……とは何か」という文言に戸惑いをおぼえた人もいたようであった。実際に、研修会や講演会でも、これに関する質問は多い。それは、OPPA論の開発者である堀 哲夫が指摘するように、そのような「問い」を授業において設定した経験が乏しいからであろう。

これまで多くの教師は、授業中に教師が想定する答えを導くための「問い」を設定し、これに対する生徒の回答に対して正誤の判断をし、誤答を正答に導くのが己の役割だと信じ、教育活動を行ってきたと思われる。もちろん、言うまでもなくそのような「問い」も重要である。しかし、昨今注目を集めている「非認知能力」の育成には、物事の「本質」をつかむための「答えがない」あるいは「答えが一つでない」問いの機能が欠かせない。この問いによる教師の想定を超えた生徒の学びを目の当たりにすることが、教師に授業改善の視点をもたらし、「学習者主体の学び」の実現を可能にする。本書に掲載された実践はそれを示すものである。

また、今回特筆すべきはみずほリサーチ＆テクノロジーズ株式会社との共同研究の成果の一部を掲載できたことである。みずほさんは、共同研究の申し出を行うにあたり、一年もの時間をかけて社内で検討し、決定したそうである。1回目の打ち合わせにおいてすぐにわかったことだが、深くOPPA論を理解し、VUCAの時代と言われる中で、学校現場にとどまらない一般社会におけるその可能性について、すでに見抜いていた。そんな彼らと議論を重ねた経験は、これからのOPPA論研究にとって得がたいものとなった。

最後になるが、今回も堀先生の監修の下、再びOPPA論の書籍を出版できる喜びをかみしめるとともに、ご執筆いただいた先生方に深くお礼を申し述べたい。一人一人とやりとりする中で、今回も多くのことを学ばせていただくと同時に、その思いを受け取ることができた。また、東洋館出版社の上野絵美氏には、これまでと同様、心強い言葉をいくつもいただきながら今回も粘り強く支えていただいた。こうやって人に恵まれるありがたさを痛感している。

みなさま本当にありがとうございました。
本書を手にしたみなさまの忌憚のないご意見・ご感想をお待ちしています。

2024年6月
OPPA論研究会会長　中島雅子
https://sites.google.com/view/nakajimalab/

監修者・編著者紹介

監修

堀 哲夫
Tetsuo Hori

山梨大学名誉教授・名誉参与。
1948年愛知県生まれ。元山梨大学理事・副学長。
一枚ポートフォリオ評価（OPPA）論の開発者。
著書に『子どもの学びを育む 一枚ポートフォリオ評価 理科』(編著)『子どもの成長が教師に見える 一枚ポートフォリオ評価 小学校編』(編著)『子どもの成長が教師に見える一枚ポートフォリオ評価 中学校編』(編著)『授業と評価をデザインする 理科』(共著、以上日本標準)『理科教育学とは何か—子どもの科学的概念の形成と理解研究を中心にして—』『新訂 一枚ポートフォリオ評価OPPA 一枚の用紙の可能性』『一枚ポートフォリオ評価論OPPAでつくる授業—子どもと教師を幸せにする一枚の紙—』(監修)『一枚ポートフォリオ評価論OPPAでつくる授業 小学校編』(監修、以上東洋館出版社) など多数。

編著

中島雅子
Masako Nakajima

埼玉大学教育学部准教授。OPPA論研究会代表。
1962年山梨県甲府市生まれ。
1985年より、公立高等学校の理科（化学）教師として30年間勤務するかたわら、大学院にて研究に取り組む。2015年より現職。2007年山梨大学大学院教育学研究科修士課程修了　修士（教育学）。2011年京都大学大学院教育学研究科修士課程修了　修士（教育学）。2015年兵庫教育大学大学院連合学校教育学研究科博士課程修了　博士（学校教育学）。
専門分野は、自己評価による資質・能力の育成とその評価、自己評価による学習・授業改善。
著書に『自己評価による授業改善—OPPAを活用して—』『一枚ポートフォリオ評価論OPPAでつくる授業—子どもと教師を幸せにする一枚の紙—』(編著)『一枚ポートフォリオ評価論OPPAでつくる授業 小学校編』(編著、以上東洋館出版社) などがある。

執筆者一覧

堀 哲夫	前掲	第1章1
中島雅子	前掲	第1章2
石田耕一	埼玉大学教育学部附属教育実践総合センター	第1章3
関山佑一	みずほリサーチ&テクノロジーズ株式会社	第1章4
新居唯志	みずほリサーチ&テクノロジーズ株式会社	第1章4
大曽根将人	神奈川県藤沢市立高浜中学校	第2章1
山本孔紀	埼玉大学教育学部附属中学校	第2章2
幡野 順	山梨県甲府市立上条中学校	第2章3・4
茂木淳史	埼玉県さいたま市立三室中学校	第2章5
平田朝子	埼玉県さいたま市立大宮国際中等教育学校	第2章6
杉本志聞	埼玉県さいたま市立大宮国際中等教育学校	第2章7
鳩貝美穂	埼玉県松伏町立松伏第二中学校	第2章8
山口真一	埼玉県春日部市立春日部中学校	第2章9
谷津勇太	埼玉大学教育学部附属中学校	第2章10

一枚ポートフォリオ評価論

OPPAでつくる授業

中学校理科編

2024（令和6）年7月23日　初版第1刷発行

監修者：堀 哲夫
編著者：中島雅子
発行者：錦織圭之介
　　　　〒101-0054　東京都千代田区神田錦町2丁目9番1号
　　　　コンフォール安田ビル
　　　　代表　　電話03-6778-4343　FAX 03-5281-8091
　　　　営業部　電話03-6778-7278　FAX 03-5281-8092
　　　　振替　　00180-7-96823
　　　　URL　https://www.toyokan.co.jp

装丁・本文デザイン：大悟法淳一、大山真葵（ごぼうデザイン事務所）
イラスト：赤川ちかこ（オセロ）
印刷・製本：株式会社シナノ

ISBN978-4-491-05433-9　Printed in Japan